# HYDRA 制造执行系统指南
## ——完美的 MES 解决方案

[德]柯裕根　雷纳尔·戴森罗特　著

沈　斌　王家海　等译

電子工業出版社·

**Publishing House of Electronics Industry**

北京 · BEIJING

# 内容简介

本书深入阐述了 MES 系统的理论和实践经验，图文并茂地介绍其主要功能，首次给出了应用项目的典型功能。第 1 章归纳论述了 MES 系统正确应用的益处。MES 系统是一个复杂的 IT 系统，它一方面实时采集数据，另一方面必须容易地提供综合的评价分析。第 2 章阐述了 HYDRA 系统的 IT 结构，并介绍其结构和设计的特点，例如操作指导。第 3～5 章阐述了实际的 HYDRAMES 系统应用，其中，第 3 章描述了支撑生产组织的模块，主要涉及详细生产计划、工况和机器数据采集及相邻部门；第 4 章论述了在生产中的加工任务和人员管理的特殊功能；第 5 章阐述了重要的质量管理领域。

本书适合以下人员参考阅读：企业信息化主管，企业生产计划、质量管理和人力资源管理等部门主管，企业生产技术和管理工程人员，大专高等院校教师和学生，研究所和 MES 系统供应商的研究开发人员。

Translation from the German language edition:
*MES-Kompendium: Ein Leitfaden am Beispiel von HYDRA*
by Jürgen Kletti and Rainer Deisenroth
Copyright © Springer-Verlag Berlin Heidelberg 2012
This Springer imprint is published by Springer Nature
The registered company is Springer-Verlag GmbH
All Rights Reserved

## 图书在版编目(CIP)数据

HYDRA 制造执行系统指南：完美的 MES 解决方案/（德）柯裕根，（德）雷纳尔·戴森罗特著；沈斌等译. —北京：电子工业出版社，2017.3
书名原文：MES-Kompendium: Ein Leitfaden am Beispiel von HYDRA
ISBN 978-7-121-31228-1

Ⅰ. ①H… Ⅱ. ①柯…②雷…③沈… Ⅲ. ①制造工业—工业企业管理—计算机管理系统—指南
Ⅳ. ①F407.406.14-62

中国版本图书馆 CIP 数据核字（2017）第 066534 号

责任编辑：郭穗娟
印　　刷：　北京富诚彩色印刷有限公司
装　　订：　北京富诚彩色印刷有限公司
出版发行：电子工业出版社
北京市海淀区万寿路 173 信箱　邮编　100036
开　　本：720×1000　　1/16　印张：12.75　　字数：282.8 千字
版　　次：2017 年 3 月第 1 版
印　　次：2022 年 7 月第 6 次印刷
定　　价：98.00 元

生产计划与实时调度（如果针对一个车间而言），也称为作业计划和实时生产调度，在未应用计算机信息系统（计算机软件系统）之前，都是通过有经验的计划员或调度员手工完成的。

随着计算机和信息技术的发展，20 世纪 60 年代末，传统科学管理方法开始与计算机软件系统相结合，约瑟芬·奥利基等设计开发了物料需求计划（Material Requirements Planning，MRP），实现了计算机系统在生产控制领域的大规模应用。70 年代末，MRP 融入了财务系统、需求预测等功能，逐渐发展成为 MRP II；到 80 年代末又逐渐扩展演变为企业资源计划（Enterprise Resource Planning，ERP）。同时，制造企业车间层所应用的专业化生产管理系统，例如作业计划和实时生产调度系统，则逐渐演变为制造执行系统（Manufacturing Execution Systems，MES）。

制造执行系统的概念是由美国先进制造研究协会（Advanced Manufacturing Research，AMR）在 1990 年首次提出的，旨在加强 MRP 计划的执行功能，把 MRP 计划与车间作业现场控制，通过执行系统联系起来。这里的现场控制包括 PLC 程控器、数据采集器、条形码、各种计量及检测仪器、机械手等。MES 系统设置了必要的接口，与提供生产现场控制设施的厂商建立合作关系。

制造执行系统能够帮助企业实现生产计划管理、生产过程控制、产品质量管理、车间库存管理、项目看板管理和人力资源管理等，提高企业制造执行能力。

AMR 将制造企业分成 3 层体系结构，ERP 系统位于企业上层计划层，MES 位于上层的 ERP 系统与底层的工业控制之间的面向车间层的生产管理系统。它为操作人员/管理人员提供计划的执行、跟踪，以及所有资源（人、设备、物料、客户需求等）的当前状态。

制造执行系统国际联合会（Manufacturing Execution System Association International，MESA）于 1997 年开始陆续发表 MES 白皮书，给出了 MES 的描述性定义。MESA 对 MES 所下的定义："MES 能通过信息传递，对从订单下达到产品完成的整个生产过程进行优化管理。当工厂发生实时事件时，MES 能对此及时做出反应和报告，并用当前的准确数据对它们进行指导和处理。这种对状态变化的迅速响应使 MES 系统能够减少企业内部没有附加值的活动，有效地指导工厂的生产运作过程，从而使其既能提高工厂的及时交货能力，改善物料的流通性，又能提高生产回报率。MES 系统还通过双向的直接通信，在企业内部和整个产品供应链中提供有关产品行为的关键任务信息。"

因此，MES 系统特点主要体现在以下四个方面：

（1）MES 系统是对整个车间生产过程的优化，而不是单一地解决某个生产瓶颈。

（2）MES 系统提供实时收集生产过程数据的功能，并做出相应的分析和处理。

（3）MES 系统与计划层和控制层进行信息交互，通过企业的连续信息流来实现企业信息全集成。

（4）MES 系统实现生产过程的透明化和实时监控。

德国提出的工业 4.0，强调了工业生产的数字化，使得 MES 系统的重要性引起了广泛的关注。中国也提出"中国制造 2025"，在开展智能制造和数字化工厂的研究和示范过程中，明确提出了企业必须实施 MES 系统。MES 系统不仅作为降低生产成本的工具，以图在高生产成本的制造环境中增强和保持企业的竞争能力。随着与质量保证的日益关联，MES 系统不仅仅作为生产更高效的工具，更是作为保证产品具有更高质量的手段。现在它的发展趋势是，在 MES 系统里能够交互地监控制造和质量保证过程，不仅避免产品交货缺货，而且保证制造无缺陷的产品。这意味着，在制造过程就能及早发现工件原料、制造工具、加工设备和工艺过程的问题，从而不再生产出废品。为了推进我国 MES 系统的开发和应用实施，我们特翻译了本书。

本书原著由德国 MPDV Mikrolab GmbH 的柯裕根教授（Prof. Jüergen Kletti）和雷纳尔·戴森罗特（Rainer Deisenroth）先生等撰写。MPDV Mikrolab GmbH 30 多年来专门从事制造执行系统的开发和应用实施，参与了德国工程师协会 VDI 5600 标准（MES 标准）的制定，在全球拥有大量的关于企业成功应用 MES 系统的案例，积累了丰富的 MES 系统开发理论和实践经验。本书是国内第一本 MES 系统的译著，旨在给我国的 MES 系统开发人员和企业提供借鉴和参考，我们相信本书的出版必将促进中国的 MES 系统开发和应用。

本书由沈斌、王家海、王翔、李昕、汤云哲、朱殿臣、丁宁格和吴一智合作翻译，全书由沈斌、王家海审阅和统稿。

本书的翻译得到了原著作者的大力支持。此外，MPDV Mikrolab GmbH 的李铭锋先生对全书的图表作了部分的修改和翻译，还得到了默佩德卫（MPDV）软件技术服务（上海）有限公司曹海勇博士等的大力支持，在此表示衷心的感谢！本书的翻译出版得到了电子工业出版社的大力支持，特别感谢电子工业出版社工业技术出版分社徐静社长、郭穗娟编辑认真而细致的工作。

由于译者的专业知识和德语水平有限，书中定然存在疏漏和欠妥之处，敬请读者和有关专业人员批评指正。

译　者

2016-09-12

制造执行系统（MES）的思想自产生以来，已经发生了明显的变化。MES 系统最初被看作降低生产成本工具，以图在高生产成本的制造环境中增强和保持企业的竞争能力。MES 系统随着与质量保证的日益关联，不仅仅作为生产更高效的工具，更是作为保证生产更高质量产品的手段。今天的发展趋势是，在 MES 系统里能够交互地监测生产和质量保证过程，不仅避免产品交货缺货，而且保证生产无缺陷的产品。这意味着，在生产过程就能及早发现材料、工具、生产设备和工艺过程的问题，几乎杜绝废品。

MES 的运用同样为遍布全球的"生产搬迁"增加了活力。在全球化生产过程中，由于当地低廉的劳动成本，制造工厂在当地加以扩建或搬迁到当地。为适应这一趋势，MES 系统越来越具有保证生产过程指标的功能，以便能够比较和监测迁移到世界各地的生产工厂。

以往的指标仅仅局限于企业经济领域，MES 系统则利用其丰富的数据库，能够在生产过程中提供合适的指标，在此基础上持续推进生产过程的改善。

然而，制造执行系统不仅仅被看作生产指标的生成器，或者基于持续改善过程对未来生产的构造手段，MES 的作用更为广泛。在生产和管理的日常工作中，MES 系统首先能够帮助管理人员快速做出能保证目标实现的决策，使决策更有效和避免浪费。MES 系统也体现了精益生产的崭新原理。在生产中配置越来越高效的设备和装置，如果不采用 IT 技术，那就不可能实现一个低成本和精益的生产。更进一步的考察结果清楚地表明，MES 系统作为未来的一个工具，不仅关注生产组织、生产中的人员管理，而且利用合适的功能进行质量管理。利用有效的与上级系统（如 ERP系统）和下层加工子系统的垂直接口，进行横向集成补充。这种集成具有什么意义和优势，以及如何在实践中实现，本书将一一举例介绍。HYDRA-MES 系统代表当代具有横向和垂直集成功能的 MES 系统，它是本书的重点内容。

本书第 1 章归纳论述了正确应用 MES 系统的益处。MES 系统是一个复杂的 IT系统，它一方面实时采集数据，另一方面必须能容易地提供综合的评估分析。第 2章阐述 HYDRA 系统的 IT 结构，并介绍其结构和设计的特点，例如操作指导。第 3～5 章阐述 HYDRA 系统的实际应用。其中，第 3 章描述支撑生产组织的模块，主要涉及详细的生产计划、工况和设备数据采集及相邻部门；第 4 章论述在生产中人员管理的任务和特殊功能；第 5 章阐述重要的质量管理。

　　本书图文并茂地介绍 HYDRA 系统在以上领域的主要功能，并首次给出了所应用项目的典型功能。

　　当然，在本书中不能详细地阐述 HYDRA 系统具有的功能，因为这些功能的介绍在 HYDRA 系统操作手册中多达几千页。然而，为了使读者对这一系统的整体印象不局限于主要功能，因此在每章都会对一些次要功能做一个简略的功能概述，但不作为重点。总而言之，本书阐述了 HYDRA-MES 系统概况，提供了作为现代制造执行系统代表性案例的设计和功能范围。

柯裕根教授（Prof. Dr. Jürgen Kletti）

2012 年 8 月于莫斯巴赫

# 目　录

# 第1章
# 应用方案
# ——横向和垂直集成

## 1.1 MES 系统的应用益处

由于全球激烈竞争，要求生产更高效、产品质量更高和价格等压力，迫使制造企业越来越需要优化生产和改善生产流程。向客户提供无缺陷的产品，已经不再是制造企业的最高目标，而是首先形成无缺陷的生产。可能存在的质量缺陷早在产生之前就已避免，或者有缺陷的产品在被发现后从生产中剔除。由此，减少了零部件继续加工产生的费用，由于这些有质量问题的零部件，无论如何在后继的加工步骤里不再保留了，由此剔除这些有质量问题的零部件，以减少这些零部件继续加工产生的费用。在生产中的其他薄弱环节是，由于等待时间而产生的过高周转库存、由于计划不好而产生的能源浪费或者没有优化的生产过程而配置产生的过多人员投入。这些薄弱环节几乎还在继续存在着。对在众多的调研中发现的生产中浪费的描述，可参考另一本书《完善的生产》（Kletti 等，2010）。

但是，不仅生产过程中的薄弱环节，而且客户向供应商提出的新要求，这些都困扰着生产者。这里首先要提到的是如何跟踪与追溯领域里的困扰，制定一个以上或至少一个完整生产流程的日志记录，并具有可追溯性。实时生产如"准时生产"（Just in Time）或"准时供货"（Just in Sequence）的前提是高度地保证交货日期，它只有通过精细的生产计划和精确的生产控制才能达到。只有在生产计划和生产控制系统的支持下，并考虑实际生产条件，才能应对所有这些要求。

在过去的 20 年里建立的制造执行系统（MES），作为一种工具或应对具有挑战性任务的"工具"。MES 系统最初被理解为以下这些领域的集成者：工况数据采集、生产指挥系统、DNC（数字群控）、CAQ（计算机辅助质量控制）及人力资源管理等。随着 MES 系统的进一步发展，MES 理念和系统越来越多地相互融合，它们支撑着当今现代生产中的生产管理层次。

本书介绍的 MES 系统——HYDRA 系统是在生产计划与控制的先驱者之一。它汇集了生产运行中的生产管理、人员管理和质量管理的所有主要元素。HYDRA 系统是根据 VDI（德国工程师协会）标准 5600 的规定设计的，它有助于生产部门工作人员处理众多任务。应用 HYDRA 系统可取得的益处如图 1.1 所示。

注：为了获得 MES 系统应用潜力；需要从广泛的经验和技能中产生的 MES 解决方案

**图 1.1    应用 HYDRA 系统可取得的益处**

MES 是包括了众多功能的组合概念，从生产组织、质量控制，直至人力资源管理的范围。制造企业的每个部门有着本质上不同的任务，要完成这些任务需要专门的功能。在已经提到的 VDI5600 标准以矩阵的形式加以描述。图 1.2 表示了该矩阵的一部分，从这里清晰地可知，哪些 MES 功能在何种程度上支撑着制造企业的设施。

HYDRA 系统的模块结构基于这些规定而设计的，从而提供了这样的可能性，即在制造企业中配置一个面向应用和需求的 MES 系统。

近年来，精益生产的原理在制造业家喻户晓。在初始阶段，精益生产经常被误解为一种不用 IT 的生产模式。在那个时代通常认为上层的 ERP 系统具有较少的接近生产过程的功能。

现在的情况与此相反的。一种精益生产，即浪费少和高效的生产，没有 IT 的应用，在实际上是不可想象的。只有通过应用 IT 和首先在 MES 系统支持下的持续改善生产过程，才能改善生产状况。

应用领域和效率

| 工作流程 子流程 | 详细生产计划及控制 | 生产设备管理 | 物料管理 | 人力资源管理 | 数据采集 | 绩效分析 | 质量管理 | 信息管理 |
|---|:---:|:---:|:---:|:---:|:---:|:---:|:---:|:---:|
| **生产准备阶段** | | | | | | | | |
| 制定与计划相关的资料 | | • | • | • | | | • | • |
| 生产日期和能力规划 | | • | • | • | | | • | |
| 可用性保障 | | | • | | | | • | |
| 分析 | • | | | | | | | |
| **生产阶段** | | | | | | | | |
| 详细生产计划 | • | • | • | • | • | | | |
| 工作准备 | • | • | • | | • | | | |
| 生产执行 | • | • | • | | • | | • | |
| **运输阶段** | | | | | | | | |
| 物流订单管理 | | • | | | | | | • |
| 物流订单计划 | • | • | | | | | | • |
| 物流订单执行 | • | • | | | | | | • |
| **物料管理** | | | | | | | | |
| 物料配置 | • | • | • | | | | | |
| 物料供给 | • | • | • | | | | | |
| 库存管理 | | | • | | | | • | |
| 清点货存 | | | • | | | | | |
| 物料分析 | | | • | | | | • | |
| **质量保证** | | | | | | | | |
| 定义检验步骤 | • | | | | | | • | |
| 检验执行 | • | | | | • | | • | |
| 检验结果记录 | | | | | • | | • | |
| 采取相应措施 | • | | | | • | | • | |

图 1.2　VDI 5600 标准描述的应用领域和益处矩阵

图 1.3 所示为一个典型的精益生产例子，即从一个中等企业发展到顶级企业的途径，图中所示的精益绩效指数（LPI）由过程效率（PWG）和设备综合效率（OEE）指数所组成，是在这个途径上可行的进展。企业可以分两步骤进行，首先提高资源利用效率；然后缩短生产通过时间（产品生产周期）。当然，这两步骤可以按照另一种顺序进行。

然而，这两种途径只有利用现代制造技术与信息技术才能成功。这里所指的制造技术与信息技术就是应用 MES 系统。提高资源利用效率和缩短生产通过时间这两步骤需要生产状况的在线透明及避免薄弱环节的分析数据，由此达到改善生产状况的目的。

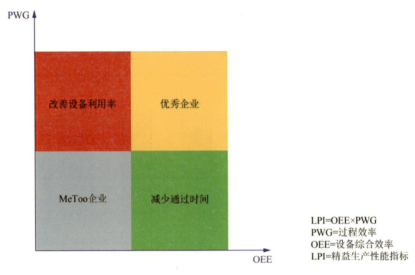

$$LPI=OEE\times PWG$$
PWG=过程效率
OEE=设备综合效率
LPI=精益生产性能指标

图 1.3　根据精益绩效指数优化生产的精益生产

# 1.2　制造企业的层次结构

　　从系统的角度观察，一个制造企业可以分成三层结构。第一层由实际生产或自动化层组成；第二层由生产数据采集和预处理单元层组成；第三由质量管理、企业资源计划（ERP）或生产计划与控制（PPS）、管理信息系统及薪资管理系统所组成。随着 MES 思想的传播，自动化设备和 ERP 系统的供应商也接受了 MES 的概念，并根据不同表述，把 MES 系统功能作为自动化和 ERP 系统的原始组成部分。自动化设备供应商认为，它们具有 MES 系统的许多数据采集和压缩功能，以实现对大量设备和装置的智能控制。ERP 供应商声称，ERP 系统具有 MES 系统产生和处理的数据。为了达到一定程度的实时，在 ERP 系统里只须细化处理这些数据。这两种观点当然明显地不适合中等制造企业的现状，只能应用于少数个案。

　　上述提到的层次有不同的时间范围和详细程度。在通过 ERP 系统实现的最高层次，通常计划多个班次及几周范围的订单、生产能力和物料，生产计划甚至按月份制订。ERP 系统进行生产订单的计划和分配只需少量的生产订单识别特征。

　　下述的生产管理对此有完全不同的看法。对于在生产控制和生产准备中的员工及领班来说，一个生产订单不仅包括生产数量和完成时间，还包括所需的生产能力、适当的工具和熟练的员工的信息。多层次的订单由工序和不同的操作工步组成，这些工序和操作工步经常可能被重复中断和重新启动。每个车间或部门领导、调度员或领班经常被要求阅览丰富的生产细节，做出尽可能正确的（少损失）决策。改变的详细计划必须在几分钟内完成,即在易于管理的时间内,而不允许超过几个小时。

必须实时给出车间状态,不可能在不同数据来源的输入、修正和评估后才给出。

在自动化层次进一步细化信息,更深入地处理技术条件,例如设备和装置状态,或设备行为,响应时间为毫秒或秒。

通过上述简单的分析观察,显示出在企业三个层次,对响应时间、信息细化程度和功能具有不同的要求,如图1.4所示。至少目前不能由一个系统来满足这些要求。

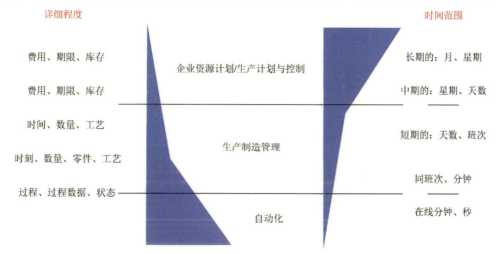

图 1.4　制造企业三个层次信息细化程度和响应时间的示意

德国工程师协会（VDI）的一个工作小组已经详细研究了 MES 系统主题,根据 5600 标准规定,从逻辑上定义了制造企业的三个层次结构。这里每个企业层次隶属于不同的系统。企业管理层次通过 ERP 系统实现,生产指挥层次通过 MES 系统实现,实际的生产层次通过工作地、设备和装置实现。

在 MES 系统层次引入了 MES 系统在生产管理中完成的任务。定义了八个功能模块:详细生产计划和控制、信息管理、质量管理、人力资源管理、生产工具管理、效率分析、数据采集和物料管理。HYDRA 系统严格遵循 VDI 规定的功能,包含了历史上满足这些任务的可用功能,在部分修改的基础上,组合成稍有不同的功能组。

如图 1.5 所示,MES 系统在制造企业中具有举足轻重的地位。它一方面将生产层与管理层相连接,另一方面从企业经济的角度提供必要的数据。根据 VDI 规定,MES 系统的任务表明,通过面向生产的评估、计划辅助手段和质量保证措施的分析,支撑高度的生产管理。这些功能首先满足生产管理细化的需求,也满足必要时间范围的计算。

近年来,MES 系统的意义越来越明显,其任务也得到进一步的发展。作为企业核心部门的 MES 系统,扮演着接收 ERP 系统的计划数据和传递实际生产数据的数据中心角色,进一步为生产提供信息和数据。在许多生产中,涉及复杂的设备和伴随生产过程特殊功能的子系统及承载的数据,这些数据有必要由 MES 系统进行现实的评估。为了连接设备和装置，现代的 MES 系统应该具有集成子系统和接口的功能。

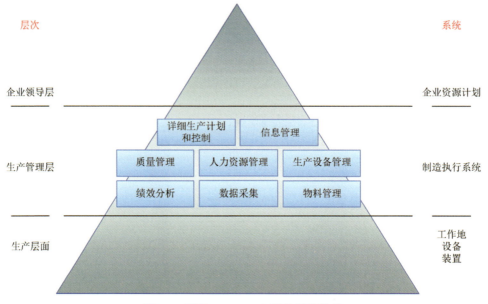

图 1.5　根据 VDI5600 标准的层次模型

　　HYDRA-MES 系统提供了不同的方案和功能，使设备和装备之间能够进行双向的通信。所谓的过程通信控制器（PCC）通过众多接口库，实现简单而价廉的连接。生产和人员数据管理器（PDM）在一定的管理费用情况下连接子系统，丰富的HYDRA 系统功能通过现有的基础设施提供数据。在集成功能平台上实现与 ERP 系统和仓储管理系统以及薪资管理程序的标准接口。HYDRA 系统不仅是一个 MES 系统，而且也是集成制造企业产生的不同信息的工具。

# 1.3　横向和垂直集成

　　在前期和第一阶段中，MES 系统划分为实际生产管理、质量保证和接近生产的人员管理。因此，对每部分的数据采集和数据准备可完全不相关地加以处理，形成了逻辑上的孤岛方案。人员时间采集和人员时间管理只是薪资系统的附属物。工况和设备数据采集以及生产指挥系统的功能大多与生产计划与控制（PPS）的功能相耦合。生产过程的质量保证归属于质量管理系统，但数据采集很少自动化，大多是手工进行的。由于缺乏自动的合理性检查，进行修正是不可避免的。往往出于这个原因，只在延迟几个小时甚至几天后才获得经审查的、可靠的数据。

　　随着 MES 系统概念的扩展，产生了"垂直集成"（见图 1.6）。在利用高效的信息技术组件的情况下，通过越来越自动地采集数据和合理性检查，人们可以实时采集、压缩和准备数据。由此，生产过程中事件的发现、在 MES 系统里显示及上传给 ERP 系统的时间延迟明显地缩短了。

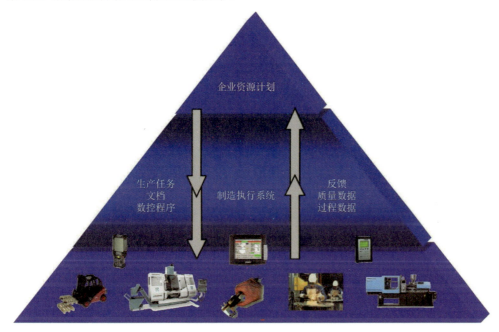

图 1.6　垂直集成的基本思想

　　这种垂直集成最初只是将在生产过程中采集的数据进行压缩并上传到 ERP 系统。随着 MES 系统概念的继续发展，采用高效的数据库和评估工具，能够实现生产优化是一大进步。通过生产过程中数据预压缩，可以在生产管理层实现总览和图形显示。现在，生产过程的数据不再仅仅用作事后计算的目的，或改善原始数据的应用，而是在线构造生产环境的实际状态，从而对生产管理产生实际的和快速的影响。

　　生产过程中复杂性的增加已经表明，人力资源管理、质量保证和实际的生产管理不再互相独立地进行。今天，客户的期望是采集整个生产过程丰富而完整的文档、包括使用的物料数据、待采集的质量参数甚至选择什么资格的员工操作设备的信息。在实践中，可以列举出一系列这种几乎任意集成的场景。

　　实践证明，通过接口连接这三个孤立部门的信息是困难和昂贵的。根据当今的IT 技术，这种方式也不再有意义。在这样的背景下，现代 MES 系统不仅实现企业的垂直集成，而且实现横向联网。

　　为了能够实现横向集成见图 1.7，不同部门的数据必须整合到共享的数据库中，这样三个部门可以跨部门获取数据。因此不需要所有类型的接口，而这些接口在上述的孤岛方案中是不可避免的。HYDRA 系统横向集成的杰出例子是，所有模块不管是人力资源管理还是质量管理或者实际的生产控制，都可在共享的数据库里访问。

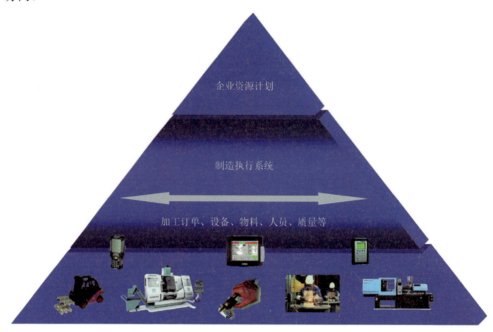

**图 1.7　横向集成作为跨部门思维的基础**

根据 VDI 标准的金字塔表达，制造企业里的 MES 系统还具有相当多适用于数据压缩的任务。在生产层次发生的许多详细数据被压缩和评估，以形成生产管理所需的重要信息，并进一步被归总，以表格的形式为 ERP 系统提供信息。只有限制大量数据的产生，才能在 ERP 系统里进一步处理数据。

# 1.4　应用 MES 系统的工作组织和结构

在传统的工厂组织中，订单和生产能力的分配相对容易。一般在一个工作地或一台设备上，由一个人处理一个订单或者操作一个工序。这里成本计算非常简单，根据订单很明显地计算出生产费用。在现代化工厂里，这项任务已经是很复杂的。随着生产过程复杂性的增加，现代机械、设备和加工中心同时可以加工多个订单品。一个工人同时操作多个加工中心加工一系列订单产品，这一过程涉及一台加工中心需要多少时间用于加工一个订单产品，人这个最宝贵的资源需要多少时间投入到这个订单产品的加工中，这样一个明确的任务分配相当困难。细致地测算和计算得出精确结果的成本是昂贵的，还可能因此而降低效率。

　　由于这样的困境，近年来出现了一种趋势，即实际上直接关联计算成本，带来更多的非生产性费用。关于这种发展，人们已展开各类研究，其中代表性的研究结果如图1.8所示。MES系统引入的一个重要目标是，大幅度地增加成本透明度。因此，MES系统必须有能力在复杂的工作组织形式里，支持准确地归类订单或工序的成本。以多机操作、多个工人操作、成组加工、装配岛或类似的工作方式，能够分类构建工作地或加工单元，这些对MES系统是极其重要的。

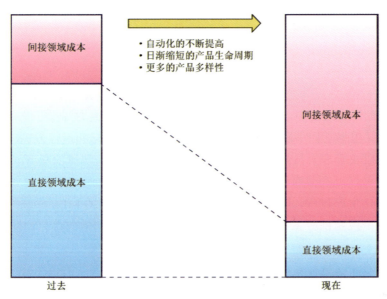

图1.8　在较长时间内直接和间接费用的发展趋势（IFF，斯图特大学）

　　在现代工厂里，设备不再仅仅是单个装置，而是以生产线形式相互连接布局的。作为高效的MES系统，如HYDRA系统，对单个装置，也将其作为在整个生产线中关联的装置，考察干扰因素。一个订单所需的物料，在不同的加工班次里处理，而且，原料批次会改变，在制品会转移和临时存储，从其他库存批次里转变成半成品。因此，这种处理方式在MES系统必须易于管理，并且在批处理树中显示。此外，通过不同加工步骤与不同的度量单位相关联。例如，对印刷胶片加工，第一步测量其长度，第二步测量面积，再测量其重量，最后在计划板上显示最终产品的数量。这样一种计量单位的转换，也是MES系统的一个重要的功能。

　　现代工厂通常是一个分为区域、部门、组、车间和其他组织单位的复杂结构。这将产生不同层次采集数据的需求。操作师傅只需了解其直接相关区域，维修人员关心一个车间设备的故障，工厂经理更关心更大范围的效率，质量保证人员必须了解与质量相关的所有过程。在这里，MES系统必须根据不同的组织标准，进行数据选择和评估。能够根据具体的应用情况，以适当的形式提供由此计算得到的数据。授权概念实际上可理解为调节数据的使用和评估。

通常根据产品和生产方式，企业分为单个产品制造商、系列产品制造商和大批量产品制造商。由此也产生了一系列混合方式的制造商。例如，除了系列产品生产，生产成型和模具生产的企业既作为系列产品制造商，也可看作单个产品制造商。根据不同生产类型，提出了不同的数据采集要求和评估方式。这里，MES 系统必须加以调整，以能够支持具体的生产类型。

非常重要的是，在 MES 系统里，例如 HYDRA 系统，只须通过调整配置参数变量，而不需要个别的编程，就能构造所谓的特殊性。

# 1.5　HYDRA 系统模型结构

在系统的开发过程中，确定了生产管理、质量管理和人力资源管理三个主要的功能模块，又根据它们不同的任务要求，开发了个性化战略和运行方式。因此，人力资源管理模块管理人员最重要的资源，承担了所有有关法律的任务。生产管理的最高目标是保证高效率地生产和投入最少的资源。质量管理模块遵守严格的质量要求和优化生产过程，以实现不产生一件废品。在现代的 MES 系统里，必须完全集成这三个应用部分。在现代信息技术环境里，利用所需的接口，避免产生信息孤岛。

因此，MES 系统必须满足范围广泛的任务要求，提供高效的数据处理和足够的集成度。HYDRA 系统通过跨部门的数据存储和一个共同的系统框架来实现。这两个元素，一方面完全集成所有应用，另一方面不依赖每个产品的适用性及进一步的开发。此外，这种高效的数据处理和系统集成技术保证不依赖于每个 MES 系统的具体使用，该 MES 系统从逐步扩展，直至形成一个完整 MES 系统。

集成系统框架提供了 HYDRA 系统的所谓系统集成服务（Weaver）功能。在图 1.9 中清楚地表示了 HYDRA 系统可以构建真正意义上的基本模块和不需昂贵的接口。毫无疑问，在日益复杂的生产环境里，HYDRA 系统完全确保了每个功能模块和产品之间的连接网络。

在详细描述 HYDRA 系统模块之前，先简要介绍 HYDRA 系统，它具有的 MES 系统应用功能。

## 1. 生产管理功能区（图 1.9 中的黄色部分）

1）工况数据采集（HYDRA-BDE）

利用在线可信性检查，采集订单相关的信息，利用丰富的报告和统计功能以及生产控制的简单功能，进行订单处理和监测。

质量 生产 人员

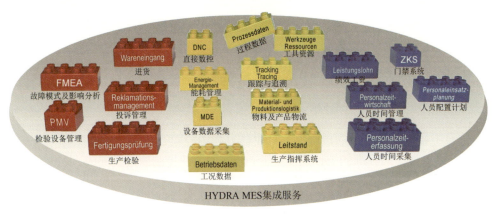

图 1.9　MES-HYDRA 系统模块总览

2）设备数据采集（HYDRA-MDE）

在终端或通过接口来自动和手工地采集设备数据，具有丰富的统计和分析功能，实现绩效改善、OEE 检测和计算其他关键指标。

3）材料和生产物料（HYDRA-MPL）

采集物料相关的数据，管理生产中的周转库存，引导物料缓冲区和在制品库存量，库存管理系统的接口。

4）跟踪和追溯（HYDRA-TRT）

采集批次和批量数据，跟踪所有生产步骤中的毛坯材料、半成品和完工产品，作为投诉依据的分析功能。

5）能源管理（HYDRA-EMG）

采集所有类型的能源消耗，分析能源消耗，显示订单、设备和装置之间的关系，丰富的能源消耗优化的报告和统计功能。

6）数字群控（HYDRA-DNC）

数控程序和调整数据传输到设备和装置，编辑数控数据和调整数据，接收从设备和装置里得到的优化数据，管理数控程序版本和存储。

7) 过程数据采集 (HYDRA-PDV)

采集所有产生的过程数据类型,有效地存储大量数据,图形化显示数据包括相关函数,压缩数据和长期存档,检测生产中超差极限值。

8) 工具和资源管理 (HYDRA-WRM)

管理生产中的工具、生产设备和其它资源,记录使用时间包括统计评估和工具寿命,丰富的资源维护管理。

## 2. 质量管理功能区(图 1.9 中的红色部分)

1) 生产检验 (HYDRA-FEP)

具有丰富的质量管理的核心工具:生产过程中检验、在线可信性检查、处理极限和公差、根据不同标准的统计功能、基于时间和工件控制的采集间隔、检验计划、首样件检验、发货检验和生产控制计划。

2) 检验工具管理 (HYDRA-PMV)

管理在质量保证过程中使用的检验工具,支持校准,自动采集测量值,保证检验能力的功能

3) 投诉管理 (HYDRA-REK)

管理被投诉的零件、批次和批量、投诉处理的工作流程、自动生成投诉文档、缺陷主因分析包括投诉成本的注意事项。

4) 进货 (HYDRA-WEP)

检验原材料、零件和部件进货,检验结果文档生成,质量管理的统计评估和缺陷主因分析。

## 3. 人力资源管理功能区(图 1.9 中的蓝色部分)

1) 人员时间 (HYDRA-PZE)

人员出勤和缺勤多种采集功能,支持所有常见证明类型,出勤/缺勤概览。

2) 人员时间管理 (HYDRA-PZW)

根据年日历采集的出勤和缺勤采集的匹配,支持固定的和灵活的时间模型,缺勤计划,制定根据工资类型分类的月度时间账目,工资和薪资系统的接口。

3）绩效工资的确定（HYDRA-LLE）

计算绩效工资的基础数据，从人员时间管理和工况数据采集中的数据归总，不同绩效和奖励工资类型的个性化配置，工资和薪资系统的接口。

4）门禁（HYDRA-ZKS）

访问生产部门和办公室的权限，编制访问文件，访问日志记录，丰富的管理和统计功能，以此作为安全指挥中心。

5）人员配置计划（HYDRA-PEP）

在考虑根据人员资质和班次模型的情况下，制订基于负荷和生产能力的人员配置计划，不同时间范围内的图形显示统计功能。

HYDRA 系统功能模型的举例，表示了系统应用的范围。除了标准化功能，通过个性化适配、用户退出程序扩展和使用 HYDRA 系统开发环境，几乎没有限制 HYDRA 系统的多样性应用。

# 第 2 章

# HYDRA 系统总体方案

在生产中应用以 IT 为基础的系统，例如 MES 系统，必须满足对其他系统结构产生影响的特殊要求，如这些预先给定的要求：横向和垂直整合、生产组织的映射、可用性的要求、人机工程学和可操作性，或者设备和装置形成的环境条件。因为每个生产条件都是独一无二的，刚性的 MES 系统灵活性较小，要以合理的成本适应这些给定的边界条件。这些给定的边界条件是由具有不同设计的生产过程的异构设备环境所组成的。现代 MES 系统必须根据客户需求，对不同的条件能可变地调节，保证系统不仅与生产层还与管理层进行无缝的通信。因此，在 HYDRA 系统的设计中，主要考虑以下的要求：

（1）模块化构建的标准软件要满足用户不断增加的需求（可扩展性）。

（2）考虑市场上 MES 系统和 IT 的规范（如标准、操作系统、数据库……）。

（3）完整构造在所有生产进程中产生的数据（横向集成）。

（4）与周边其他系统的通信，例如 ERP 系统、设备和装置的控制或子系统（垂直集成）。

（5）标准模块不仅容易地适应生产过程，而且也容易地适应用户的功能。

（6）高可用性和数据安全性。

（7）简单、符合人机工程学的数据采集功能。

（8）构造个性化的操作和计算方案。

为了满足上述的要求，根据最新发展的技术，开发了面向服务架构标准（SOA）的 HYDRA 系统。这意味着，内部模块化结构以"服务"的相应形式，提供给 MES 系统服务。通过现有的软件模块可变组合形成的服务，以便在系统里提供所需求的 MES 系统功能。基于 HYDRA 系统服务结构，如图 2.1 所示。

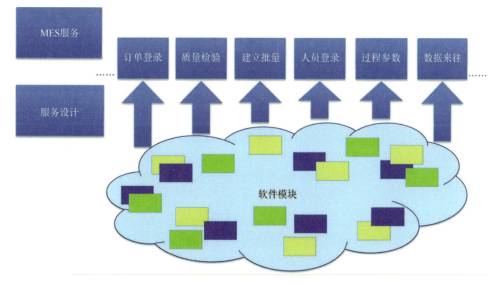

图 2.1　基于 HYDRA 系统服务结构，构造 MES 典型功能的 MES 服务

整体而言，HYDRA 系统基于这样一个系统方案，即拥有较高的柔性和丰富功能。只有当 MES 系统具有这些特点，它才能量身定制地集成制造企业的现有系统环境，以支持所有业务流程的执行。

# 2.1　生产中特殊框架条件

为了能够简单且安全地获得生产过程中所有必要的数据，在开发 MES 系统时，应当考虑生产中的特殊框架条件。不同于在办公室环境中使用的 IT 系统，MES 系统在人机工程学方面必须提供高要求，以便在恶劣的生产环境中，工人可以无误地操作 MES 系统。简单而易于理解的操作对话是高水平的接受 MES 系统的一个强制性要求，否则很难成功地实施 MES 系统。

同样，应该注意在生产中恶劣的环境条件，如污垢、喷雾、蒸汽或油雾等。对这些恶劣条件不敏感的工业计算机是必需的，计算机选择适当的保护方式和健壮的用户界面，如触摸屏或键盘膜或合适的配件，例如条形码扫描仪或无线射频卡（RFID）阅读器。

此外，流动性需求越来越大。因为 MES 系统随时随地可使用，所以在宽大的车间或很难到达的仓储位置里，应投入使用移动采集设备。使用采集设备不仅作为一个区域或一组终端，而且也可以在同一总线上分配多个终端，例如一个终端直接分配给一台设备的配置。

# 2.2　HYDRA 系统 IT 体系结构

　　IT 体系结构确定了如何用硬件、软件和网络构成基础设施，使用哪些 IT 组件，如何构建 IT 系统之间的接口。除此之外，提出了企业使用哪些标准的问题：优先使用哪些操作系统？使用那些数据库系统？如何在系统之间实现通信？这意味着，在选择 MES 系统之前，应该认真研究，是否满足个性化的 IT 基础设施的众多需求。

　　通过市场上操作系统和数据库系统及常见的网络技术的支持，以及面向服务的方法，HYDRA 系统提供了良好的前提，可以无缝地连接到现有的 IT 环境。每个授权的用户可以从标准客户端上访问 HYDRA 系统里的 MES 服务。

　　图 2.2 显示了 HYDRA 系统的典型 IT 体系结构。中心部件是 MES 系统的服务器，它被集成到现有的网络，且被安装上了所谓的生产数据库。在这数据库里，不仅存储了原始数据，而且也存储了所有采集到的实际数据。因为与待处理数据的数量调整和使用客户端的数目变化很大，所以通过 MES 服务器的设计，给出了相应的 MES 系统可扩展性。现有的或将建立的数据安全机制和部件考虑了根据数据的重要性来存储 MES 数据。

图 2.2　HYDRA 系统中典型的 IT 体系结构

实际的 MES 系统的应用，以所谓的 MES 操作中心（实际总览、评估和计划功能等）在标准计算机上应用，这些计算机用于大多数的经理办公室、生产控制、维护、控制、人力资源、质量保证、生产调度和管理部门。这些计算机除运行 HYDRA 系统应用程序以外，显然也可以同时运行其他所有基于 Windows 系统的软件，如微软办公软件。

相对于在那里工作的员工任务，MES 操作中心工作站的配置，一方面，仅仅用于显示、计算或更改相关的数据，另一方面，也提供给用户共享的功能和评估。

为了获得设备和工作地的数据，还使用可选的工况数据终端、工业个人计算机或配有相应附件的标准计算机（条形码扫描仪，读卡器及打印机等）。通过与 MES 服务器的在线通信，可以检查数据输入的合理性。当其输入有错误时，立即显示给操作者。如果在线连接中断，脱机模式将自动激活，数据被存储在本地 MES 系统终端。如果恢复连接到服务器，缓存的数据将自动地传送到数据库。

# 2.3　HYDRA 系统结构

HYDRA 系统是以面向服务的体系结构来构建的。HYDRA 系统服务按功能分组，完成在 MES 系统中的具体任务：

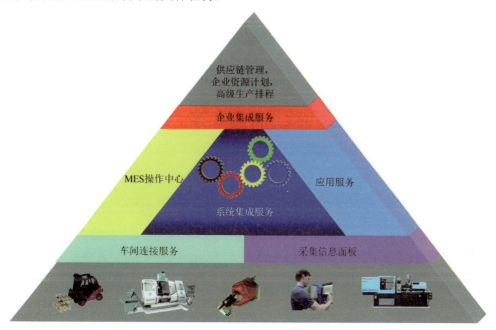

图 2.3　按功能组分类的 HYDRA 系统服务

（1）集成服务（MES Weaver）构成了 HYDRA 系统的核心功能

（2）应用服务提供对采集的数据进行预处理和进一步处理。

（3）在 MES 操作中心（MOC）对预处理的数据用丰富的不同形式加以可视化，已经形成的计划和控制的工具，为 MES 系统管理员提供多种功能。

（4）集成服务用于与上层系统的通信，如 ERP 系统或工资系统。

（5）车间连接服务用于与设备和装置或子系统的双向通信。

（6）采集和信息面板（AIP）是工人和采集所有生产、人员或质量相关数据的设计师的用户操作界面和信息显示界面

在下面的章节中，将更详细地阐述所选择的 MES HYDRA 内的应用服务和它们之间的相互作用。

## 2.3.1  系统集成服务

所有的中央管理程序及控制程序，例如一般的系统设置，都位于 HYDRA-MES 系统集成服务（Weaver）里。它们主要负责确保 HYDRA 系统操作在可能范围内自动地运行，以及管理任务工作量限制到最小。

一个在 MES 系统后台工作的复杂机制典型例子，就是 HYDRA 系统调度，如图 2.4 所示。可通过 HYDRA 系统调度器定义程序的起始时间，例如，数据备份、完整系统事件记录，或删除数据。它们会自动启动，这样会减轻系统管理员的工作。

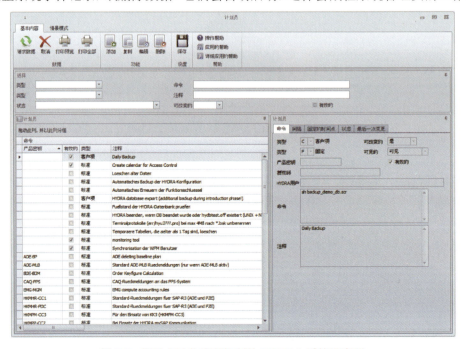

图 2.4   用于自动化流程控制的 HYDRA 系统调度器

在 MES 系统中，提供了更方便的组件管理和监测功能。这样做的目的是简化系统管理员的工作，例如，通过连续监测的 MES 重要部件的状态，如果识别系统中有问题，将通知到责任人。对于大型的或局部分布式系统，如果可以在网络上的任何点进行管理，那是很有利的。数据采集终端的管理和监测作为一个支持系统管理员的示例应用如图 2.5 所示。

图 2.5　数据采集终端的管理和监测作为一个支持系统管理员的示例应用

### 1. 用户管理和权限方案

HYDRA 系统有一个复杂的密码、用户和授权的方案，通过可设置的方法，哪些用户使用哪些功能，哪些数据可以查看或者允许更改。如果其他系统已经实现的用户管理和授权管理，那么这些也可被 HYDRA 系统使用，如图 2.6 所示。

### 2. 反馈管理

反馈管理是 HYDRA MES 系统集成服务中另一个重要功能，它具有巨大的益处。反馈管理能够确保，当必要的反应给出时，它就能够识别个性化可配置的事件并主动登录。例如，当开始数据库表直至可定义的百分比填写后，时间间隔能够满足所有 HYDRA 系统应用，并通知到系统管理员。设备数据采集的例子显示了广泛的可能性。在维修中的人员在智能手机上收到一条短信，报告了在一台设备上存在工具的问题；或者部门主管收到一名雇员申请休假的邮件，或者负责质量保证的主管被告知，一个产品生产的检验期限已超出。正确应用 HYDRA 系统反馈管理，可建立多层次报告的工作流程，并应对所有的重要事件，如图 2.7 所示。

注：为了简化管理，可以创建和分配功能配置文件

图 2.6　所有用户在用户管理例表中都具有单独的注册权限

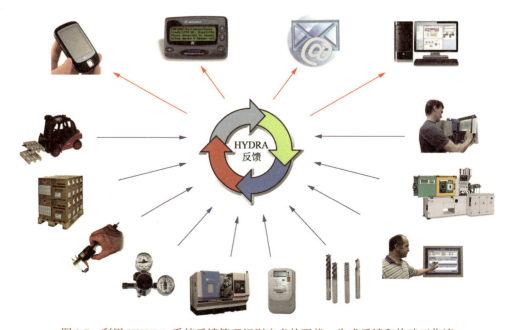

图 2.7　利用 HYDRA 系统反馈管理识别定义的现状、生成反馈和构建工作流

## 2.3.2　MES 系统应用服务

强大的 MES 系统应用程序服务，在后台主要负责处理、压缩存储在 MES 系统中的数据，并准备在 MES 操作中心（MOC）中显示。服务在广泛的范围内是可配置的，由此，适合非编程的具体任务。要构建用户特殊的要求，可以使用内置的用户退出程序，个性化编程的例程作为分支运行，而不必改变 HYDRA 系统标准程序，如图 2.8 所示。

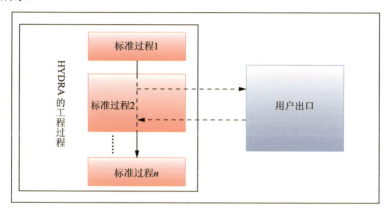

图 2.8　用于用户特定修改流程的"用户退出"

## 2.3.3　MES 操作中心

MES 操作中心（MOC）是图形化用户界面，这是基于最新的 IT 技术而开发的，应用服务的输出以表格或图形化形式加以可视化。MES 操作中心通过 Web 服务在 MES 系统服务器上通信。以配置选项和人机工程学为中心进行开发。根据现代的 Windows 操作方案配置的用户界面，为用户提供一个直观、舒适的操控。MES 操作中心的菜单提供两个版本：面向角色和面向产品的菜单，如图 2.9 所示。

基于角色的菜单结构的开发，是面向根据在企业中具体角色的日常工作流程中的操作者。在此，根据 VDI 标准 5600 考虑了 MES 系统的任务结构。

两个菜单都可以通过菜单编辑器定制。例如，用户可以改变子菜单项的顺序，或容易地隐藏不需要的功能。

除了菜单的函数调用，用户还有其他可能性来启动 MES 应用程序。因此，他可以将常用必需的功能放在收藏夹菜单里，并从那里进行调用。当 MES 操作中心启动时，在自动启动菜单中的功能自动地打开。另外，也可以在启动栏中直接输入其代码，调用每个应用程序，如图 2.10 所示。

图 2.9　MES 操作中心的面向角色和面向产品的菜单

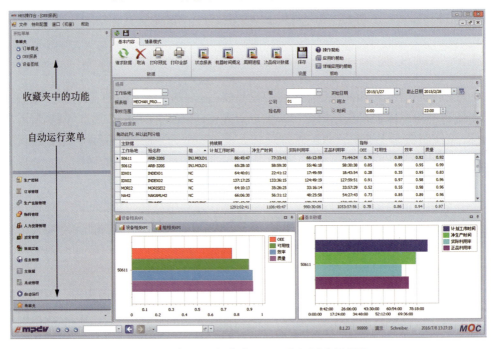

图 2.10　在 MES 操作中心里可变调用应用程序

　　通过多窗口的功能，用户有许多可能性，根据个性化需求在 MES 操作中心上定制显示界面。用户可以显示所需信息的窗口，或者输入数据的窗口。两个窗口可同时打开，也可以轻松地在两个窗口之间切换（见图 2.11），从中使用所需要的信息或输入数据。屏幕布局对用户而言很容易修改。

图 2.11　在 MES 操作中心中可以并行地打开多个应用程序

　　还有一个亮点是，MES 操作中心提供在一个窗口里显示相关的信息和同步不同窗口内容（见图 2.12）。例如，当调用工作场所总览时，用户得到加工工序、维护间隔期或该工作地生产的数量的一览表。根据所选择的那些数据记录，在相连接的应用里自动地改变数据。如果多个数据记录同时被选中，就会自动地累计相关的数据。

　　正如本章开始简要提到的，MES 操作中心提供一系列适应个性化需求和习惯的可能性。即在总体应用窗口里的子应用程序被自由地放置或显示和隐藏，以及可以改变颜色和背景。在用户设置中，系统保存由用户所做的更改。例如，表中的每列的宽度或桌面上应用程序的排列，这些个性化的变化在 MES 操作中心重新启动后仍保留着。同样，配置调整被分发到 MES 系统中的所有用户，以确保全系统 MES 操作中心界面的统一。

　　特别重要的是，对国际运营公司而言，在 MES 系统的应用程序中以用户的母语显示。所谓的 HYDRA 系统语言管理器可以任意管理许多语言，并进行个性化的翻译。HYDRA 系统多语言界面允许方便地切换到另一种语言，如图 2.13 所示。

图 2.12　自动同步窗口内容

图 2.13　HYDRA 系统多语言界面允许方便地切换到另一种语言

　　MES 操作中心的另一个优点是有广泛的选择性。可根据所选择的项目，在 MES 系统应用中显示相关数据。例如，根据表中元素的选择实现极不相同图表的可视化。当在表中选择单个对象时，会显示与对象相关的图表。如果选择了多个数据记录，那么它们就可以进行比较。在基于图表的评估中，排序功能、分组功能和数据透视功能有助于以总览的形式显示其内容。此外，将表格内容自动地导出到 Excel 表或创建 PDF 格式的文档。

### 2.3.4　HYDRA@网页

在 MES 系统中，为了访问不在内部局域网或者不是自己可信赖的个人计算机上的数据，HYDRA 系统各种功能和 MES 操作中心的视图可以通过互联网，以浏览器的形式进行调用。HYDRA@网页（HYDRA@Web）具有灵活性：一个简单的应用，例如设备和工作地的状态，可以在任何地方任何时间进行查看，如图 2.14 所示。

图 2.14　HYDRA@网页中的设备概览

### 2.3.5　企业集成服务

在垂直集成方面，MES 系统是生产和管理层次之间的连接体。企业集成服务承担了 HYDRA 系统和上级系统之间的通信，例如企业资源计划（ERP）、供应链管理（SCM）、高级生产计划（APS）或者薪资系统，包括通信平台 MES 系统链接使能器（MLE）。

MLE 系统提供了获取和数据传输的标准化 MES 系统接口。例如，从 ERP 系统中，生产订单包括相关的工序、部件和许多其他信息的原始数据，直接转移到 HYDRA 系统生产数据库。采集到的实时数据，通过压缩形式以相反方向传送给 ERP 系统或其他系统。除使用标准化形式的接口以外，项目特殊的修改当然也是可能的。一个复杂的具有细致的输入和输出数据交换日志记录的检验，可避免在交换数据时可能没有发现的问题，或者处理错误的数据库。监测 HYDRA-MES 系统和其他上级系统间接口的状态监视器如图 2.15 所示。

图 2.15    监测 MES HYDRA 系统和其他上级系统间接口的状态监视器

由于出色的市场表现，该特定的接口用于与 SAP 系统通信，该接口符合 SAP 规则，其功能也被 SAP 公司官方认证。与 SAP 模块（PP，PP-PI，PP-REM，CO，HR，PM，PS，QM，MM 和 NetWeaver）的数据交换是基于可选的认证接口 HR-PDC 和 PP-PDC，以及 KK1 和 KK2（PDC-CC1 和 CC2），标准接口 KK3，KK4（PDC-CC3 和 CC4），PI-PCS，PP-REM，QM-IDI 和 MM-MOB，以及使用 RFC，BAPI 和 iDOC 技术的定制接口。

## 2.3.6    车间连接服务

HYDRA 系统与设备、装置、控制系统和刀架等其他生产设施间的通信，承担了所谓的车间连接服务。根据要求以及技术的可能性，在设备侧开始丰富地实现简单设备接口的可能性，通过与设备传感器直接连接，能够容易地获取节拍和数字信号，以及模拟测量值如温度、压力、转速度或速度等。这些都可以变成一个简单的记录。选择价格合理的设备，通过一个串行接口与 BDE 终端直接连接，或通过 HYDRA 系统中局域网加以集成。按照要求，设备接口根据需要模块化地加以扩展，具有基于工业标准的安装和连接选项。

为提高有关数据交换的要求，调整数据或 NC 记录首先要传送到控制系统，将使用 HYDRA 系统进程通信控制器（PCC）。进程通信控制器拥有支持多种协议和接口技术的丰富的驱动程序库。该驱动器可被配置，由此，按照相应的应用目的或使用情况加以个性化地调整。对于 MES 系统，进程通信控制器确保一个统一的、面向应用的视图，并承担"翻译"成具体的设备/自动化语言。

通过进程通信控制器，支持一系列的特定部门的工业标准。例如，在塑料生产中注塑机集成的 Euromap 63 标准，或用于饮料和食品工业灌装生产线的连接的作为准标准的魏恩标准（Weihenstephaner Standard）。高效而广泛应用的 OPC 接口（过程控制 OLE）可以用 PCC 来实现。HYDRA 进程通信控制器通过标准化接口提供多样化的设备连接，如图 2.16 所示。

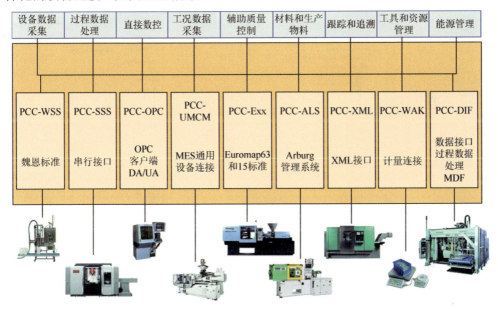

图 2.16　HYDRA 进程通信控制器通过标准化接口提供多样化的设备连接

车间连接服务的另一个要素是 HYDRA 系统生产和人力资源数据管理器，它首先开发用于现有子系统的通信 。例如，通过它可以传输订单数据、人员数据、设备数据和工艺过程数据，还提供外部的工况数据采集（BDE）或人员时间采集（PZE）系统、数据集中器、设备控制器等。其优点是可以广泛应用现有的组件和系统，以及建立特殊的解决方案，并且可以避免更换或冗余采集机制。

### 2.3.7　采集和信息面板

采集和信息面板（AIP）是基于 Windows 的用户界面，并作为人与 MES 系统之间的连接器。使用对话窗口实现相关数据的人工采集，在生产部门使用触摸屏和其他外围设备，如条形码或 RFID 读取器。因为采集对话窗口可以个性化地配置，所以采集和信息面板为每个任务提供正确的采集对话窗口，如图 2.17 所示。伴随着的信息，例如工件物料清单、工艺规程、检验指令或图样，可以为工人建立少纸化甚至无纸化生产的显示功能。同时，显示数控数据和调整参数，并直接输送到设备和装置控制器中。

为了简化数据采集和避免输入错误，可以从计量和检验设备中直接读取结果，并输入对话框中。

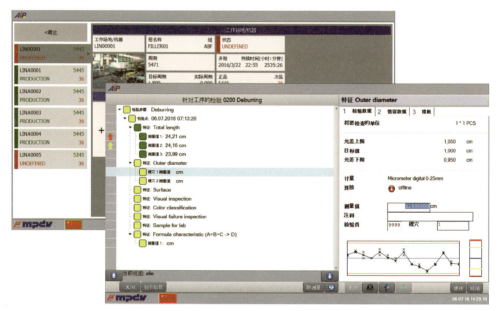

图 2.17　在 BDE 上简单对话例子和完整的工人自检验 AIP 应用

通过应用现代的界面构建采集和信息面板（AIP），并且根据在生产中用户的需求量身定制。通过应用程序组的划分以及在特殊情况下对每个工作地个性化配置，为工人和设计人员提供他们真正需要的功能，并符合他们正常的工作流程。为了直观地处理，多层次的输入窗口考虑了适用于所有 MES 应用的基于应用的采集工作流。这些应用从通过常规的 BDE/MDE 对话窗口进行人员时间采集的简单应用（如上下班打卡），直至物料记录、检验结果或者批次和批号采集的完整应用。

## 2.3.8　备用的数据采集功能

可以使用移动设备诸如智能手机或掌上计算机（见图 2.18），这是非常有意义的，特别是在大型生产领域里采集现场数据。

用户界面当然与小屏幕和有限键盘的特定条件相匹配。除了固定或移动终端，通过 HYDRA@网页（见图 2.19），使用基于浏览器的界面采集数据和信息检索。例如，员工在工作地或子公司通过连接在互联网的个人计算机上，进行上下班打卡或休假申请。

图 2.18　在智能手机上 HYDRA 系统应用的例子

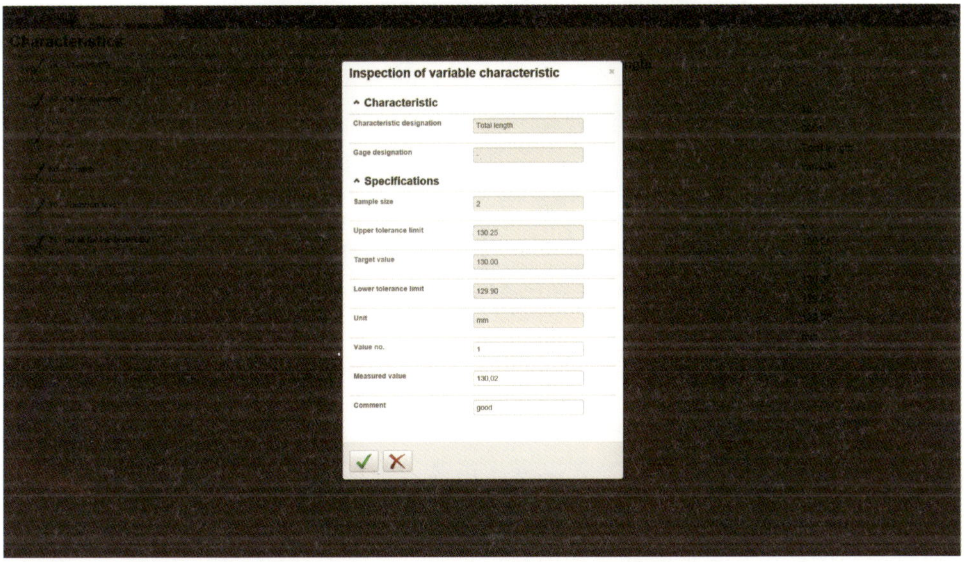

图 2.19　通过 HYDRA@网页采集数据

# 2.4　定制 MES 系统

在本章的最后总结 HYDRA 系统提供的各种可能性，设计一个满足制造企业个性化需求、量身定制的 MES 系统。存在大量标准功能的基础数据资源是非常重要的。这些都经过实践测试且可以直接使用的，其中的大多数定制过程不需要进行额外的编程。然而，为了实现 MES 系统能够完全适应个性化生产过程，提出这样的问题：HYDRA 系统还有哪些杰出的特点，存在什么额外的机制。HYDRA 实现定制 MES 系统解决方案的元素如图 2.20 所示。

图 2.20　HYDRA 实现定制 MES 系统解决方案的元素

### 1. 定制

可变性地构造系统流程和行为的第一层次有多种可能性，通过配置参数影响系统行为的标准功能。所谓的定制就是用户自己能够配置 HYDRA 系统，让 MES 系统满足用户的要求。例如，通过使用参数来定义不同的订单类型，由此，在系统里可以构造生产中不同的系列订单处理、在维护中的维护订单和在工具生产中的单个加工订单。可配置接口是其基础，使 HYDRA 系统可以无缝地融入具有设备组和上级系统诸如 ERP 系统的基础设施中。

### 2. 可配置的操作界面

MES 系统被它的用户所接受和认可，在很大程度是依赖于，其功能操作起来很容易，且符合人机工程学。根据个性化需求，利用 HYDRA 系统插件重塑 BDE 终端和 MES 操作中心的用户界面。动态的终端对话框面向工人、评估设置的工作流程，或者利用简单的手段设置其显示窗口，让用户一眼能够看到所期望格式的必要的数据。

### 3. 报表设计

HYDRA 系统可以提供了一个报表设计，利用它可以制作特定的评估、报告及工作文件，例如流程图或者工资单，以包含所要求的格式和所需的数据。此外，标签、托架卡片等可由用户利用标签设计器进行配置，从而适于其生产的要求。

### 4. 用户退出

"用户退出"可以允许修改 HYDRA 系统功能，从规定的退出点上，将自定义的扩展嵌入标准程序，而不改变标准流程。

### 5. 开发环境

经过适当的培训，按照 HYDRA 系统设计规则，用户也可使用这样一个高效的开发环境。这样可以保证，通过个性化地适配，用户自己可构建高度专业化的过程和满足用户特定的复杂要求。

# 第 3 章

# HYDRA 生产管理

拥有可靠及时的信息是做出正确和客观决策的前提。MES 系统为每个工作组提供客观的信息，这些信息与工作组的观察时间段相匹配。于是 MES 可以针对加工订单或生产工件根据时间的关联提供不同的信息：下一班次的计划单、当前加工工序和设备的工况、前一天完成的任务，或者显示上一季度生产一种产品的所有加工订单的实际加工时间与给定时间的对比。

设备操作工人所需要的信息显示方式会有别于生产经理所需的信息显示方式，因此，可以通过不同的时间段或部门关联累积来描述所有采集的信息。

## 3.1  工况数据采集

HYDRA 系统的工况数据采集模块（BDE）能采集加工订单和人员相关的时间和数量。BDE 将收集面向四个核心问题的信息：何处生产？生产什么？由谁加工？生产该工件的费用是多少？这些在 BDE 终端采集到的信息构成了进一步评估的数据基础。在数量上区分出合格品数量、残次品数量及残次品性质。同样，有可能通过 BDE 记录获得生产资源及辅助材料的消耗量，并将其与加工订单相关联。

BDE 可以连续采集各班次、每日和每周的数据，并且进行整理，以获得详细的计划给定时间和实际时间的对比结果。采集到的大量数据可以以压缩的形式上传到 ERP 系统，用于进一步的数据跟踪和更新计算。

### 3.1.1　数据采集和信息

在 BDE 终端上采集到的加工订单数据构成了在 MES 操作中心（MOC）进行后续操作的数据基础。BDE 采集的主要信息如下：加工订单的开始、结束和中断；人员的考勤及工件数量、合格品和残次品。

当工序信息输入时，条形码阅读器通过扫描订单上打印的条形码自动读取信息。操作工人也可以查看分配给他的加工工序列表，从中选取并确认相应的工序。图 3.1 所示的例子是通过设备/工位、工位上的工序和登录人等的分栏窗口，展示了 BDE 终端上一个典型的标准显示界面，并且这个显示界面能够根据个人需要进行自由切换。

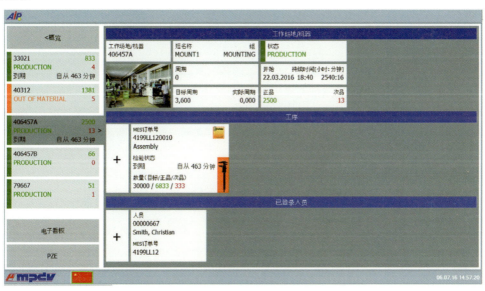

图 3.1　BDE 终端上一个典型的标准显示界面

当生产中出现应该被记录在案的异常事件时，BDE 能够通过 AIP（信息采集面板，见图 3.2）的注释功能直接输入这些事件。该提示与工序相关联，并一起被保存。这些提示可能包含了重要的信息，并在未来加工相同工件进行加工过程改善时加以考虑。

通过 AIP 可以为用户以电子化的方式提供大量的信息，例如 BOM 表、工作指令、检验规范、安装简图或者加工订单的类似文件。HYDRA 系统的这些功能为我们展示了少纸或者无纸化生产的基础，并保证了工人始终能得到最后更新状态的信息。进一步的提示或指令则可以通过诸如装配影像短片、照片或者其他多种格式的文件进行存储。随同工序的文件例子如图 3.3 所示。

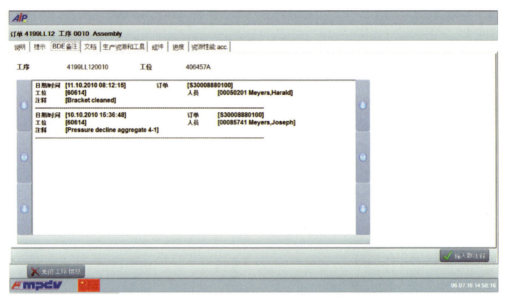

图 3.2　AIP 允许在终端上直接输入个别记录信息

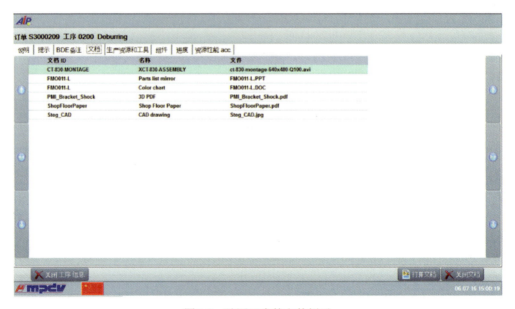

图 3.3　随同工序的文件例子

图 3.4　涉及工序的详细信息显示

　　然而，信息的显示方式不止限于随同的文件。根据实时的工序数据，如完成率、生产的合格品和残次品数量或者根据预设数据得出的预计加工时间，为工人提供了当前加工订单进行情况好坏的一个评估。

## 3.1.2　加工订单和工序的监视功能

　　对于用户来说，关心的是按下某一键就能得到最新的生产状态。HYDRA 系统应用中的"加工订单概览"能够以表格显示方式，为调度人员、工长或生产管理人员提供其所需要的信息，如图 3.5 所示。

　　除加工订单状态（已准备、进行中或已完成）之外，还提供了诸如数量（残次品和合格品数量）和时间数据（计划给定时间和实际时间）等大量其他信息。

　　除上述提到的整体任务的数据之外，对于多级加工订单，也会显示加工订单的各个工序详细信息。

　　在这些例子中，存在两种产生信息的主要策略。一种是能够在每一个应用中提供丰富的筛选方法，并根据用户的筛选标准显示所选的数据；另一种是首先通过上一级的评估得到对生产实际的粗略概况，然后根据需要展开详细的显示功能。

　　对于工长、当班组长和生产管理人员来说，了解下一班次或第二天应该完成哪些加工订单任务非常重要。"加工订单池"中显示了所有下达到设备或设备组上的任务，用户能够同时看到所有需要的详细信息，例如计划加工工位、运行时间和批量等。对所有这些加工订单已完工和在加工工序的细节概览显示也同样重要（见图 3.6～图 3.10）。

图 3.5　加工订单的重要信息概览

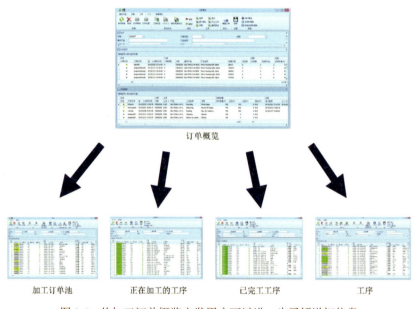

图 3.6　从加工订单概览出发用户可以进一步了解详细信息

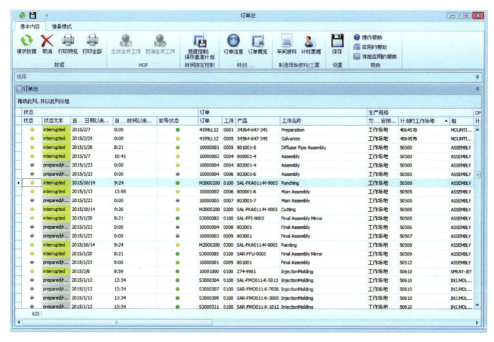

图 3.7　下达到一台设备或设备组的加工订单列表（状态为已就绪）
或者必须继续加工所中断的加工订单列表（状态为中断）

图 3.8　所有当前登录（加工中）的工序概览

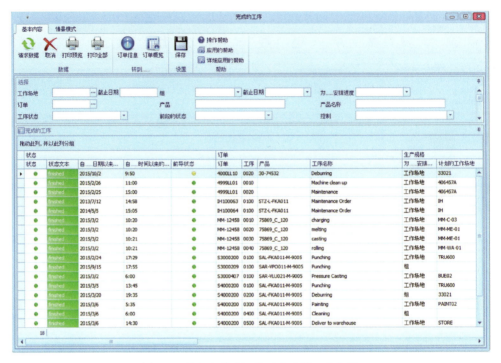

图 3.9　所有当前登记为已完成的工序概览

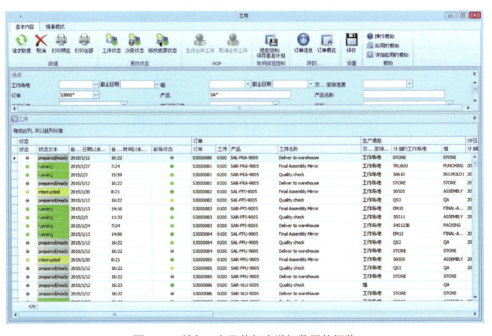

图 3.10　所有工序及其相应详细数据的概览

为了得到所有工序的概览，HYDRA 系统提供一张表格，显示所有已就绪、正在加工、中断和已完工的工序，并可以在需要时通过筛选进行数据的选择。

## 3.1.3　控制功能

### 1. 加工订单班次记录

在该应用中可以根据各种观察角度，评估与加工订单相关的数据。通过这个应用，工长和当班组长可以快速地获得本班次中加工订单的概览信息。除表格外，还有图形显示方式。例如，选定班次的绩效和生产数量的概览，如图 3.11 所示。

图 3.11　选定班次的绩效和生产数量的概览

### 2. 加工订单的统计和视图

为了获得加工订单生产结果的全貌，可利用加工订单的统计功能收集所需的各类数据。统计结果的形式除所有加工订单的表格清单之外，还有加工订单所属工序的详细信息（见图 3.12）。图形化评估根据生产资源账目显示总数量、总时间及等待时间。

工序相关的统计也使用类似的形式，并补充了绩效、时间和数量的给定值/实际值的对比，如图 3.13 所示。

图 3.12　所选加工订单的所有信息的概览

图 3.13　详细信息如数量、效率和时间数据的展示

　　用户通过"加工订单统计"功能能够快速地获得所选加工订单的概况，当统计结果偏离计划值时进一步深入分析问题，并采取改善加工过程的措施。

　　加工订单概况为用户显示了所选加工订单的准确流转时间，包括生产通过时间、加工时间、停机时间或等待时间等详细信息，如图 3.14 所示。

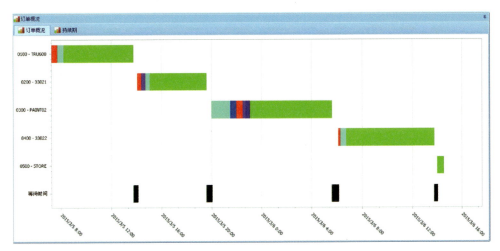

图 3.14　所选加工订单时间进度的完整概况

除表格显示方式外，通过甘特图不仅可以查看整个生产通过时间，而且能够清楚地了解分项时间值，如加工时间、等待时间和停机时间等。

用户因此可以快速并清晰地了解为什么一个加工订单会比计划延迟。非加工时间的显示有助于找出改善方法。

### 3. 非生产性成本控制

虽然非生产性成本不是典型的 MES 内容，但是它涉及的时间也能够在采集加工时间数据时同时方便地采集到。因此，在 HYDRA 系统中把非生产性成本账目定义为所谓的非生产成本性加工订单，例如设备清洁、安装、等待保养等，并直接由工作人员记录相关时间。系统提供了相应的时间和成本评估功能，如图 3.15 和图 3.16 所示。

### 4. 生产监控

生产监控功能以表格和图形的方式，为用户提供每个工位上记录的生产持续时间的概览，如图 3.17 所示。

### 5. 进度监控

进度监控能快速地解答生产负责人员每天提出的问题：

- 哪些工序超出了原计划开始的时间却还没开始？
- 哪些工序当前没有在加工流程，并预计延期完成？
- 哪些工序正在加工，但是预计延期完成？
- 哪些工序已经延期完成？

一个加工订单的计划和实际进度日期的所有信息在这里汇总并对比显示，如图 3.18 所示。

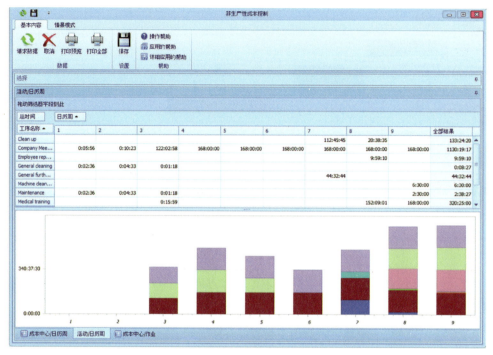

图 3.15　以数据透视表格和柱状图的方式显示非生产性成本的累计

图 3.16　该项评估将非生产性成本时间分配到各成本中心

图 3.17　用户通过柱状图和数据透视表格快速地掌握所有重要的信息

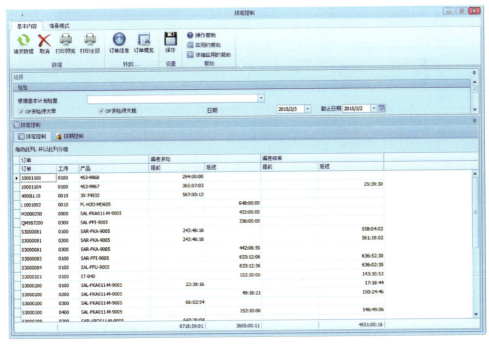

图 3.18　一个加工订单的计划和实际进度日期的所有信息在这里汇总并对比显示

### 6. 与零件相关的评估

利用零件概况功能，可对选定时间段生产同一个零件的加工订单进行对比，其内容为直接比较不同加工订单的生产时间和等待时间，比较相同零件生产过程中的差异。比较结果可以通过表格和柱状图形式显示，如图 3.19 所示。

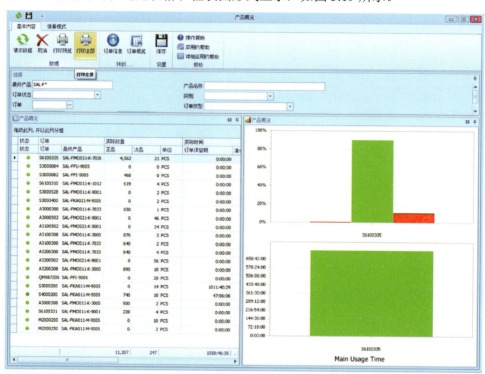

图 3.19　生产相同零件的加工订单的生产和等待时间对比

### 7. 废品统计

如果要降低企业生产的废品率，就必须先知道有多少废品产生及为什么会产生废品。废品统计功能可提供所有在选定时间段出现的与废品相关的数据，如图 3.20 所示。HYDRA@Web 网页中合格品和废品数量的比较统计及生产出废品的原因和工位的排名列表，如图 3.21 所示。

### 8. 与人员相关的评估

利用时间和数量上给定值/实际值的比较，个人报表显示所有数值。这些数值是针对所选人员在一定时段内采集和评估的，如图 3.22 所示。

人员概览提供给负责人更进一步的详细信息，哪些工人在哪个工位工作，正在加工哪道工序，如图 3.23 所示。

图 3.20　"次品统计数据"界面

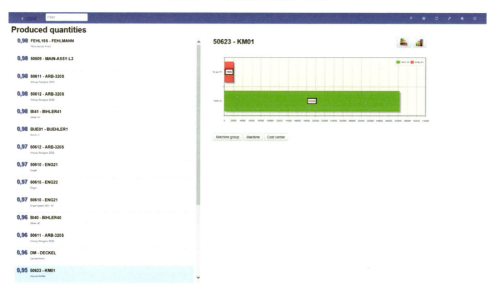

图 3.21　HYDRA@Web 网页中合格品和废品数量的比较统计
及生产出废品的原因和工位的排名列表

图 3.22　人员相关的数量和时间数据概览

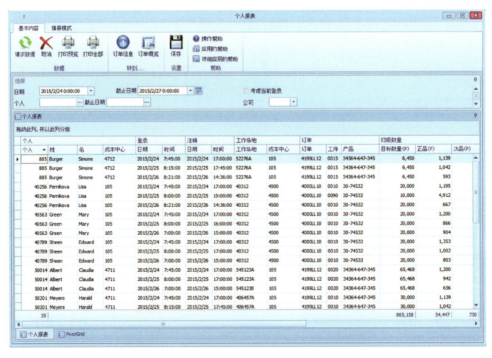

图 3.23　表格显示生产过程中有关人员的信息

### 9. 人员班次记录

人员班次记录在生产中对每一个负责人都是非常重要的。工长、当班组长或领班在这里可以查看所有下属人员的重要生产相关信息。在人员班次记录中显示了某个班次员工完成的所有工序的数量及时间等详细信息，如图 3.24 所示。

图 3.24　表格和图形显示有关人员的生产数量和记录时间

## 3.1.4　生产控制功能

在 HYDRA 系统的 BDE 模块中提供了一些控制功能，通过这些功能直接参与生产的管理者如工长、工装准备工、调整员或当班组长能有效地进行日常的生产控制工作。

### 1. 换装夹列表

换装夹列表由一张表格组成，列出了不久将要加工的任务。操作工据此了解在计划的生产开始时间之前，应在何时、对哪些设备进行装夹更换，以及需要哪些刀具和物料，如图 3.25 所示。

### 2. 加工订单分配

还有一个生产控制功能是称为表格式详细计划的加工订单分配功能。通过加工订单分配功能能够以简单的方式和方法，在表格中将加工订单池中已下达的加工订单直接拖放分配至一台设备或工位。此外，通过移动工序可以改变生产计划顺序。加工订单分配表的结果，即工长办公室的加工订单调度结果，将直接通过 BDE 终端，以分配表的形式下达给操作工和调整员，如图 3.26 所示。

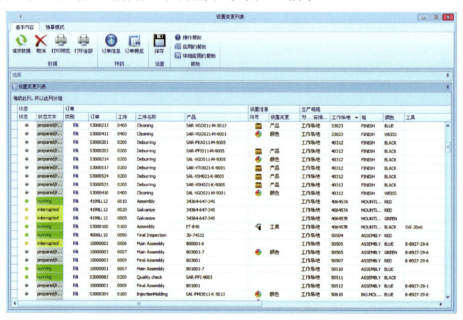

图 3.25　通过换装夹列表进行生产加工的准备并及时领取所需的刀具和原材料

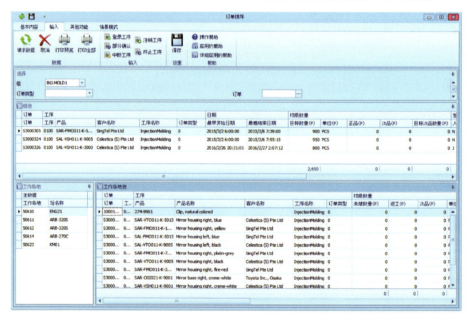

图 3.26　通过加工订单分配功能，工长接受上表中的待排工序，
并将这些工序分配至下表中的相应设备

## 3.1.5　HYDRA 系统工况数据采集功能模块一览表

| 工况数据采集功能模块 | 说　明 |
| --- | --- |
| 加工订单概览 | 所有重要的加工订单信息可以一览无余 |
| 加工订单池 | 所有待生产的加工订单表 |
| 正在加工的工序 | 所有正在进行加工的工序概览 |
| 已完工工序 | 所有已经完成的工序列表 |
| 工序 | 所有工序的列表 |
| 加工订单班次记录 | 图形和表格显示过去班次加工订单的结果 |
| 加工订单相关的统计 | 所选加工订单和所属工序的详细信息概览 |
| 加工订单视图 | 显示准确的加工订单的时间进度 |
| 非生产性成本的控制 | 指明加工订单中存在哪些非生产性时间 |
| 生产监控 | 各工位上记录的生产时间的概览 |
| 进度监控 | 计划/实际数据比较得出提前及延迟的加工订单 |
| 零件概况 | 对生产相同零件的加工订单的数据进行比较 |
| 废品统计 | 显示多少废品数量及其产生的原因 |
| 废品概况 | 评估某时间段内采集到的废品数量 |
| 零件统计 | 对比列出生产一种零件在不同加工订单中采集到的时间和数量 |
| 个人报表 | 列表显示所有与人员相关的加工订单信息 |
| 人员班次记录 | 评估加工订单相关的人员和班次数据 |
| 人员概览 | 表格显示生产中与人员相关的信息 |
| 工序分批与合并 | 通过这个功能能够实现工序的合并或分批 |
| 工况数据的归档 | 在档案表格中存储任意时间段的数据和评估存储的数值 |
| 反馈通知 | 在识别到定义的状况时自动触发反馈通知消息（例如达到给定的数量） |
| 加工订单/工艺规程处理 | 对工艺规程和加工订单的建立、维护和管理功能，用于对现有 ERP/PPS 系统的补充 |
| 材料需求列表 | 预测哪个时间点在哪个工位需要哪些原材料或半成品 |
| 换装夹列表 | 在何时需要更换工装的设备概览 |
| 加工订单分配（图形及表格） | 对设备、工位和工作组的任务池进行分配和作业排序 |
| 加工订单的打印 | 通过条形码打印加工订单、加工路线单或工资单 |

# 3.2　设备数据采集

对于制造型工业企业来说，生产设备和装备是带来绩效的最重要资产。为了达到对这些资产有效益和经济利用的目的，就必须保证这些设备的效率、利用率、可靠性和完好性。为了做到这点，必须提供关于设备的全面和可再现的信息。

HYDRA 系统设备数据采集模块（MDE）提供了丰富的功能，如图 3.27 所示。它能全面地采集设备数据，实时地显示采集到的信息，并且能够根据各种方法评估这些数据。HYDRA 系统的 MDE 模块提供了一个信息基础，并以此为基础透明化地提高生产率、降低成本。

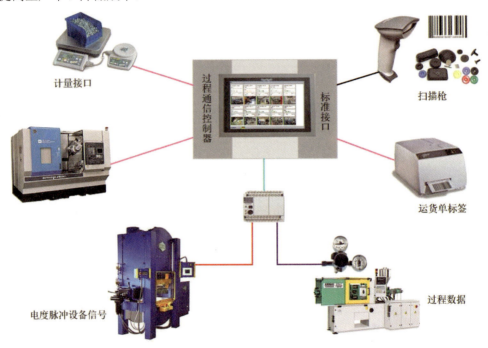

图 3.27　HYDRA 系统提供了丰富的功能，将 MES 系统集成到生产中

通过 MDE 人们能够发现和排除设备的缺陷和故障。故障原因的评估能为工作人员指明易发生故障的区域，并能够提供必要的处理意见。通过效率评估能够发现隐藏的生产能力，并更有效地加以利用。

通过 HYDRA 系统工况数据采集模块可以手动或自动地采集设备数据。当只需要简单地采集故障原因，或者不能直接调取设备状态数据时，就需要手动输入数据。数据自动采集能够减少手动输入产生的费用，并且只有这样才能在技术层面上做到设备与 MES 的连接。仅通过低成本的与设备中传感器的连接，就可以直接从数字输入端口采集到工件数量、运行时间、设备状态或故障信号，如图 3.28 所示。

还有一种具有高技术含量的选择是接口技术，HYDRA 系统通过接口直接与设备控制装置（PLC）进行通信，并接收存储的数据。为此使用 HYDRA 系统过程通信控制器（PCC），将生产企业中各种异构的设备与 MES 相连接。HYDRA-PCC 的通信模块不仅支持设备的专用接口也支持诸如 Euromap、OPC 或 Profibus 等当前流行的通用接口。

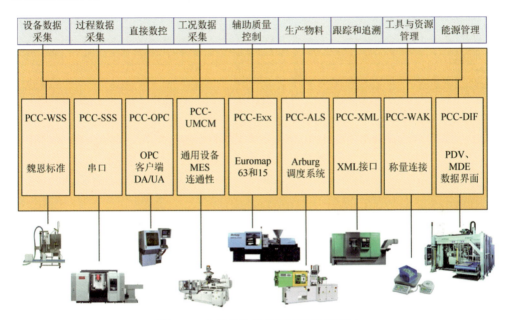

| 设备数据采集 | 过程数据采集 | 直接数控 | 工况数据采集 | 辅助质量控制 | 生产物料 | 跟踪和追溯 | 工具与资源管理 | 能源管理 |

| PCC-WSS | PCC-SSS | PCC-OPC | PCC-UMCM | PCC-Exx | PCC-ALS | PCC-XML | PCC-WAK | PCC-DIF |
|---|---|---|---|---|---|---|---|---|
| 魏恩标准 | 串口 | OPC 客户端 DA/UA | 通用设备 MES 连通性 | Euromap 63和15 | Arburg 调度系统 | XML接口 | 称量连接 | PDV、MDE 数据界面 |

图 3.28　与设备和装备通信的数据接口

## 3.2.1　设备和工位的配置

通过内容丰富的配置和可信度测试功能，可以精确匹配每台设备和控制装置的数据采集过程。基础数据中存储的数据记录构成了设备数据采集的基础。通过资源配置功能能够对与 BDE 终端相关联的设备和工位进行管理。因而除了设置的自动采集数据，也可以直接在设备上手动采集数据。此外，还可以定义群终端。这样就可以用一台终端关联多台设备。

通过对计数器的配置能够定义如何处理连接的设备时钟脉冲。采集到的脉冲数能换算成各种不同的计量单位，例如工件数量、运行时间或重量。除此之外，还能确定计算得出的数值属于哪种逻辑性质（合格品、残次品、装夹数量等）。

班次模型的作用是，通过理论上可支配的班次时间修正采集到的生产时间、装夹时间和故障时间，并保证计算值的正确性。根据班次类型分配每台相关设备的作息时间。随后将其配置到年度工作日历中，供 HYDRA 系统计划调度模块调用，以便为设备生产能力编排详细的作业计划，如图 3.29 所示。

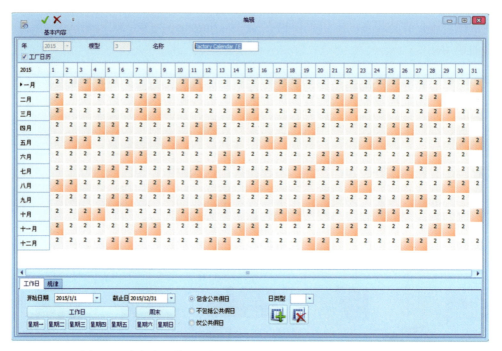

图 3.29　在年度工作日历模型中按天存储了原则上设备可用的时间

### 1. 状态定义，状态归类和状态等级

通过状态定义和状态关联，在 HYDRA 系统的 MDE 中可以将用户自定义的状态与采集到的设备状态相关联。

状态等级如技术上或生产组织上的故障，是对采集到的设备状态进行技术角度的归类提炼。其作用是以简洁的方式为维护保养人员提供关于设备状态的重要提示。

### 2. 生产资源账目

生产资源账目的作用是从企业经济性的角度，对采集到的设备状态的浓缩提炼。由此，设备状态如加工、开机、技术上或过程中产生的故障等都会在事先定义的生产资源账目中归类统计为如辅助时间、加工时间和装夹时间。对生产资源账目的定义和分配参考常用 REFA 标准。

## 3.2.2　设备数据的监视

设备数据概览显示此前在资源配置中确定的基础数据和所选的实际数据。此应用以表格显示方式提供实时的设备状态、在所选设备上（须在 HYDRA 采集终端中登记）反馈的实时工序或保养信息。

除设备直接相关的信息外，也可以通过图形方式查看生产任务、出勤人员、班次加工数量及机床设备的加工循环等详细信息，如图 3.30 所示。

图 3.30　设备概览提供所有主要的设备相关数据的完整概览

### 3. 图形化设备组

为了使工长和保养人员能够在现场快速地浏览整个设备组的状态，从而对生产过程出现的问题及时反应，可以应用图形化设备组的显示功能，该可视化功能可以直接连接大规格显示器或投影仪。

图形化设备组通过图形符号显示方式展示每个生产区域的工位、机床和设备，以及它们的布置情况，并提供设备状况、生产批量或其他过程参数的实时信息。人们能够通过这个功能实现对生产过程的"虚拟巡视"，如图 3.31 所示。

### 4. 设备数据的显示

设备时间视图以图形方式显示 24 小时内设备的实时加工时间和等待时间对比，设备状态的变化以秒为单位更新。电子化利用时间记录仪如图 3.32 所示。

生产循环过程显示了一台设备在用户选择的时间段内的生产速率，如图 3.33 所示。用户通过表格和图形能够快速地掌握设备在生产循环过程中的波动和趋势，并能够在接近或超出所定义的干涉极限时进行介入修正。

### 5. 维护保养日历

通过有目标的预防性维护措施，原则上能够提高设备的使用率。通过 HYDRA 系统设备数据采集（MDE）中的维护保养日历，就能够将必要的维护保养工作保存在系统中。

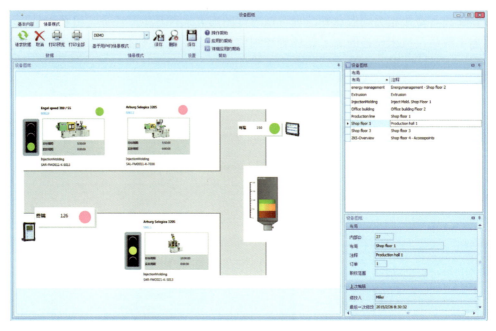

图 3.31  通过图形化设备组功能实现虚拟生产巡视

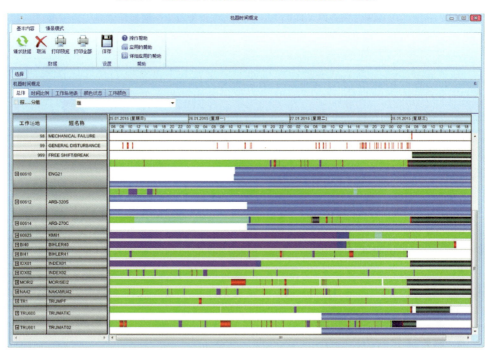

图 3.32  电子化利用时间记录仪

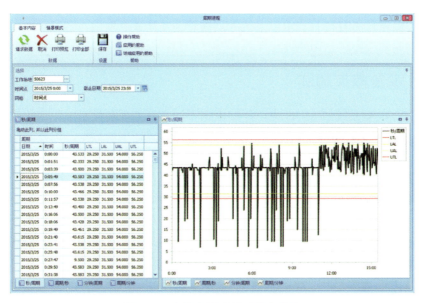

图 3.33　表格和图形显示生产速率

可以根据节拍、循环、运行时间或者固定的时间,间隔安排各项维护保养措施。通过信号灯系统,用户能够快速地了解哪台设备下一步将要进行何种保养工作或保养已经延期,如图 3.34 所示。

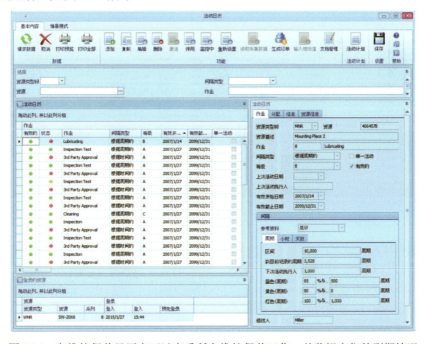

图 3.34　在维护保养日历中可以查看所有维护保养工作,并监视它们的到期情况

维护保养日历若与 HYDRA 系统的反馈管理功能关联使用，则可以通过短信或电子邮件通知，提醒到期的设备保养。

### 3.2.3　设备数据监测

在 HYDRA 系统的 MDE 中，能够根据不同角度处理和显示采集或接收到的设备数据。丰富的筛选方法保证了每位用户能够得到其期望的数据，以便从中得出所需结论。对于长期跟踪设备而获取的数据，例如，对磨损现象的识别的归档，将会保存在单独的数据库表格中。

设备历史数据功能为用户提供一个详细的关于过去某台设备的所有状态和事件的概览，这些数据涉及状态变化、生产任务记录及人员勤勤，如图 3.35 所示。设备历史数据功能会不间断地记录所有采集到的事件和状态，以便为后续的对设备的各种评估打下基础。

图 3.35　所有从设备上采集的事件的详细列表

在状态报告中，通过柱状图状态报告对所选设备的等待和生产时间进行对比。设备排行表可列出故障最多的设备，可以以此为线索，得出该在何处进行优化才会有最好的效果。特定时间段与设备相关的状态评估如图 3.36 所示。

状态视图为用户提供在给定时间内某台设备不同状态的准确信息。设备历史记录中显示的设备状态在状态视图里被压缩并累计。按班次压缩的设备相关状态评估如图 3.37 所示。

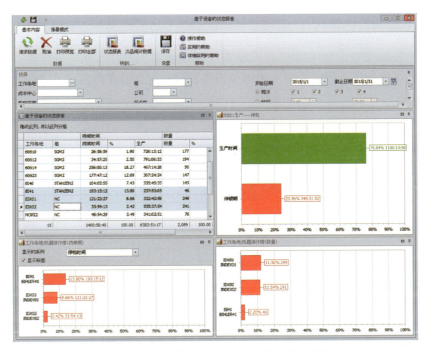

图 3.36　特定时间段内与设备相关的状态评估

图 3.37　按班次压缩的设备相关状态评估

### 1. 状态等级的评估

状态等级报告以状态等级的压缩方式提供设备状态。因此，用户能依据这个快速地了解哪个状态等级占用了大部分设备的运行时间。某时段的状态等级评估如图 3.38 所示。

图 3.38  某时段的状态等级评估

为得到状态等级及其中状态记录的详细信息，可以使用如图 3.39 所示的状态等级视图功能。

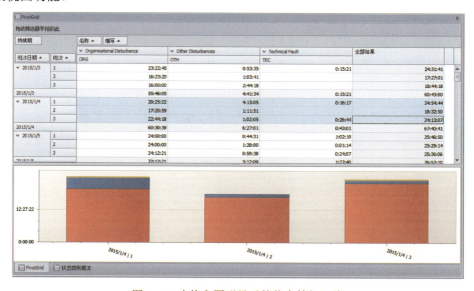

图 3.39  表格和图形显示的状态等级评估

## 2. 停机排行列表

停机排行列表构建了一个理想的基础，其目的是减少生产过程中的故障，并为预防故障采取必要的维护和保养提供支持。可在一张柱状图中显示出设备组在某个班次或选定时段最常发生的故障原因，如图 3.40 所示。

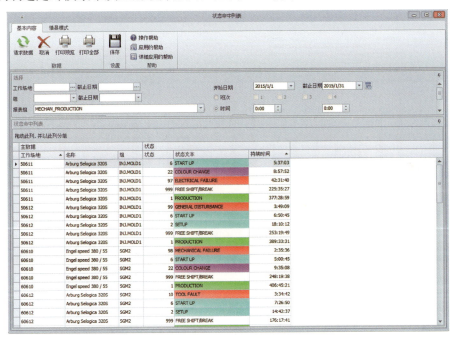

图 3.40　最常见故障原因排名

## 3. 状态分析

状态分析用于分析与设备相关的停机时间、故障原因和生产时间，其数据基础来自于所有从设备上采集到的时间数据。对每个采集到的状态都提供相关的详细信息，例如状态持续时间，以及开始与结束时间。设备相关的故障原因分析如图 3.41 所示。

## 4. 生产资源账目的评估

技术分析方法对于状态等级报告非常重要，而对于生产资源账目报告则是基于运行经济性为目标，将设备状态累计到生产资源账目中。生产资源账目以压缩的形式构成了生产指标体系或设备小时成本计算的理想基础，如图 3.42 所示。

生产资源账目以表格形式，根据时间进程列出了每个生产资源账目的详细信息。通过图形界面，用户能够快速地掌握在每个登记的生产设备账目下的设备状态持续时间，如图 3.43 所示。

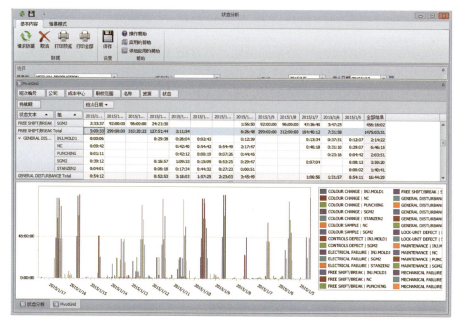

图 3.41　设备相关的故障原因分析

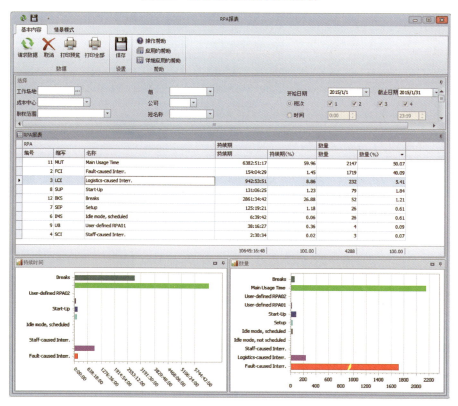

图 3.42　生产资源报告显示例如生产使用时间、装夹、中断等的生产资源账目

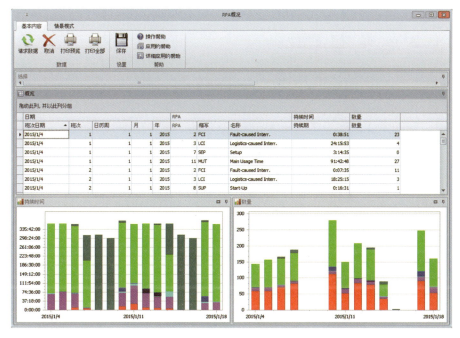

图 3.43　根据时间进程显示每个生产设备账目

## 5. ABC 分析

ABC 分析以累计的方式列出设备在运行时间内出现的状态。用户可以任意设置等级分类（A、B 或 C）及相应的极限值。通过 ABC 分析，用户能快速地了解哪种设备状态占用了大部分时间。

在自定义的等级内列表显示所有采集到的设备状态及其排序，如图 3.44 所示。

## 6. 次要/主要停机分析

通过次要/主要停机分析，可以区分出设备状态是短时间（次要）中断还是长时间妨碍生产（主要）的中断。次要停机或主要停机的界定值可通过极限值参数自由定义。

在次要和主要停机报告中收集和列出了各自的状态。通过诸如饼状图显示方式能够快速估计次要停机和主要停机的比例，如图 3.45 所示。

## 7. OEE 指数

OEE 报告提供了 OEE 指数评估（设备综合效率）并以简要的方式计算整个生产的效率。OEE 指数通过可用性、效率和质量比率三个因素进行结算。通过图形显示方式，用户一方面能够快速地掌握 OEE 的整体值，另一方面能够获得每个因素的单个值，如图 3.46 所示。在 HYDRA@Web 网页中还提供了基于浏览器的 OEE 报告，如图 3.47 所示。

图 3.44　在自定义的等级内列表显示所有采集到的设备状态及其排序

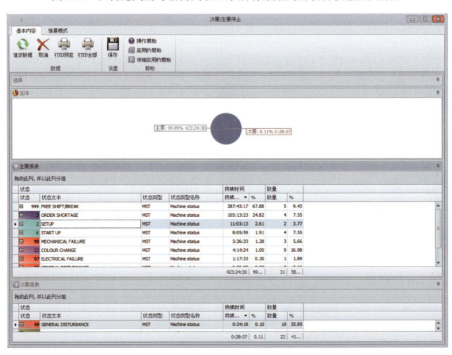

图 3.45　次要停机和主要停机的故障的区分

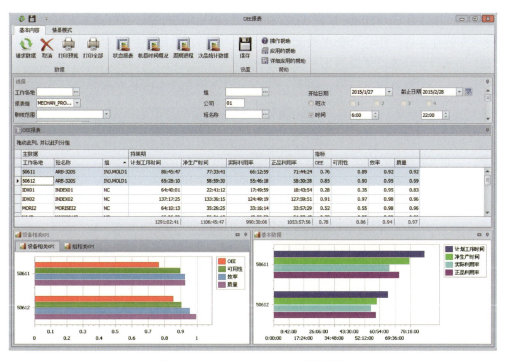

图 3.46  单因素显示和 OEE 指数计算

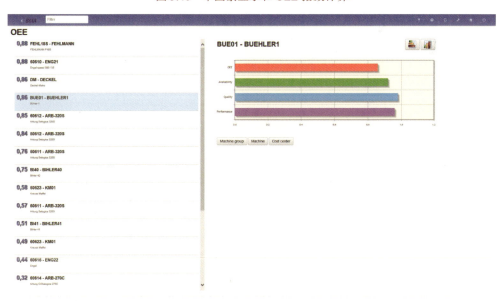

图 3.47  在 HYDRA@Web 网页中还提供了基于浏览器的 OEE 报告

除 OEE 指数外，还有众多与设备和仪器相关的指标，例如，企业特殊定义的指标或在标准文件如 VDMA 单元手册（66412-1）中引用的指标。HYDRA 系统的 MDE 都可支持计算这些指标。在观察某一指标时，必须注意每项指标对于特定企业及其适用范围的有效性。下面列出了一些在 VDMA 单元手册中已明确说明的指标：

$$设备综合效率（OEE）= 可支配率 \times 有效率 \times 质量合格率$$

$$计划率 = \frac{分配时间}{计划时间}$$

$$利用率 = \frac{加工时间}{分配时间}$$

$$可支配率 = \frac{加工时间}{计划分配时间}$$

$$有效率 = \frac{单位生产时间 \times 生产量}{加工时间}$$

$$质量率 = \frac{合格数}{生产总数}$$

$$装夹率 = \frac{加工时间}{加工时间 + 故障时间}$$

$$技术利用率 = \frac{加工时间}{加工时间 + 故障时间}$$

$$生产过程率 = \frac{加工时间}{生产通过时间}$$

$$废品率 = \frac{废品数}{计划废品数}$$

## 8. 设备绩效评估

绩效视图通过图形和表格以压缩形式，显示在某一班次或某一特定时间点上采集到的与设备相关的时间数据。绩效视图不仅显示时间还会显示生产数量，如图 3.48 所示。由此，负责人可以快速地掌握哪个时间段、哪个时间点或哪一班带来了怎样的绩效。通过表格和图形显示方式在 HYDRA@Web 网页上进行绩效描述，如图 3.49 所示。

绩效报告不同于绩效视图，它提供用户所定义时间段所选设备累计的绩效。绩效报告不仅能进行数量相关的评估，还能进行时间相关的评估，如图 3.50 所示。

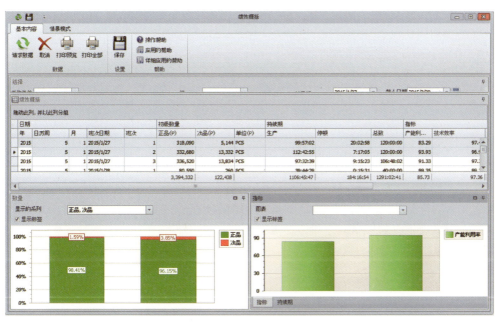

图 3.48　所有设备评估所需数据的显示

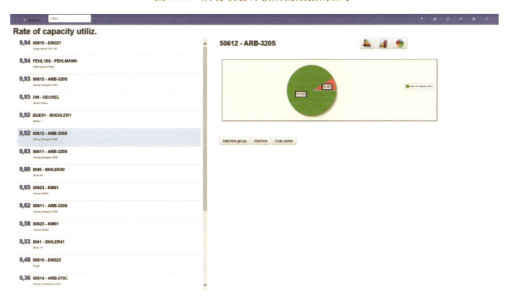

图 3.49　通过表格和图形显示方式在 HYDRA@Web 网页上的绩效描述

图 3.50　表格化和图形化评估一台设备的绩效

## 3.2.4　HYDRA 系统设备数据采集功能模块一览表

| 设备数据采集功能模块 | 说　　明 |
| --- | --- |
| 设备和工位的设置 | 通过丰富的功能管理和维护设备、工位、班次模型、设备状态、生产资源账目和状态等级 |
| 设备概览 | 实时显示实际数据和在基础数据中定义的参数 |
| 设备历史 | 设备所有状态和事件的详细概览 |
| 图形化设备组 | 通过车间布局的自定义配置对生产进行虚拟巡检 |
| 设备事件视图 | 显示设备和工位的生产和等待状况 |
| 生产循环过程 | 在自定义的时间段内显示设备的生产速率 |
| 设备保养日历 | 定义和监视预防性维护保养工作 |
| 状态报告 | 对停机时间和生产时间进行对比 |
| 状态视图 | 显示自定义时间段内的设备状态的详细信息 |
| 状态等级视图 | 对故障持续时间、种类及其详细数据的概览 |
| 状态等级报告 | 由状态等级累积得出的设备状态描述 |
| 设备停机列表 | 以图形形式显示所采集到的停机事件 |
| 状态分析 | 对采集到的停机事件进行设备分析 |
| 生产资源账目报告 | 概括性显示生产资源账目，例如加工时间、装夹时间和中断等 |
| 生产资源账目视图 | 按时间顺序显示各生产资源账目的详细信息 |
| ABC 分析 | 根据故障的持续时间对设备状态进行分类 |

续表

| 设备数据采集功能模块 | 说　明 |
|---|---|
| 次要/主要停机分析 | 妨碍生产的短时和长时中断的差异化列表 |
| OEE 报告 | 设备综合效率的简化的评估 |
| 绩效视图 | 显示设备评估所需要的数据 |
| 绩效报告 | 设备绩效的累积显示 |
| 反馈通知 | 在识别定义的状况时，自动触发反馈通知消息（例如设备故障、设备循环及设备节拍超出给定的极限值） |
| 设备数据的归档 | 在档案表中存储任意时间段的数据并对归档的数值进行评估 |

# 3.3　生产指挥系统

由于生产要求的不断提高及所需资源的日趋紧缺，企业对生产过程的提前计划变得越来越困难。生产计划不仅要尽量满足交货期要求，还应该均衡设备负荷，减少周转库存并尽量降低工装成本。然而这些相互冲突的目标（见图 3.51）使得生产控制变得困难。

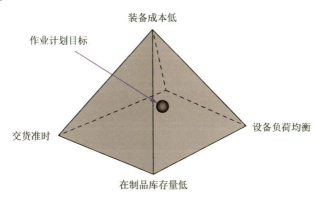

图 3.51　生产中的目标冲突

与 ERP/PPS 层面的计划不同，生产过程面临许多实际工况，表现在如下几个方面：

（1）生产设备的技术性故障（例如设备停机）。

（2）计划外的保养和维修工作。

（3）材料的加工工艺问题。

（4）生产计划中的优先级的改变。

（5）来自客户的订单变更。

（6）生产人员因病或其他原因缺席。

（7）间接干扰因素，例如环境影响。

常用的作业计划工具如 ERP/PPS 系统或手工计划插板，由于功能上的局限及对生产实际信息掌握不足，因而不能满足日益提高的生产控制要求。

　　而 HYDRA 生产指挥系统作为一款作业计划工具，能够帮助用户为优化生产过程进行面向实际的生产计划。为了达到最优计划，生产指挥系统不仅考虑从 ERP 系统接收的生产任务粗计划（任务最早开始时间及最晚结束时间），还将 BDE 和 MDE 采集到的生产实际数据（设备可用性和当前生产进度），以及主要、次要生产资源一同纳入生产作业计划的制订中。

　　主要生产资源一般可理解为可用生产能力，如设备工位。设备能力数据存储于基础数据的可变班次日历中。所有设备之外的生产资源，例如刀具、辅助材料、工夹量具等均归入次要生产资源。以主要资源、次要资源及来自 ERP 系统的数据和生产中的实际数据为基础，将生产任务分配到设备组、单台设备或工位。

　　HYDRA 生产指挥系统与生产层保持持续的数据交换，因而可以通过甘特图显示生产中的实时状态。这种方式借鉴了传统的计划面板，并能为计划员提供对生产过程的全方位观察。计划员能通过生产过程的图形显示及早发现诸如资源瓶颈等冲突，并且避免生产中的延误等紧迫趋势的扩大。

　　HYDRA 生产指挥系统帮助生产管理人员进行快速有效的生产作业计划。通过对过程的优化可以缩短生产周期，获得更高的生产负荷，减少周转库存和仓库库存，提高交货准点率，并通过装夹转换优化降低装夹成本。

## 3.3.1　作为核心组件的计划面板

　　以甘特图形式的计划面板是生产控制的核心信息和计划工具。甘特图中以进度条的方式显示工序。例如，需要进一步的细节，可以通过不同的颜色或者符号标识出装夹、启动，生产和卸载等过程或材料、刀具及人员可用性等附加信息，如图 3.52 所示。计划面板的控制组件可以自由设置并且可以根据个人需要布置窗口。

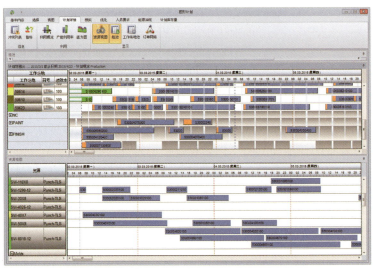

注：上部窗口显示所有可用设备和装置组及已分配和未分配的工序，下部窗口显示从属的次要资源（图例为刀具）。

图 3.52　计划面板展示了所选计划视图的完整任务分配情况

## 3.3.2 生产指挥系统的个性化配置

为了给用户提供最舒适的操作环境，可以在图形化的详细计划界面上自由配置众多的功能，从时间刻度直至任务进度条的颜色标记，如图 3.53 所示。下面简要介绍一些主要的配置选项。

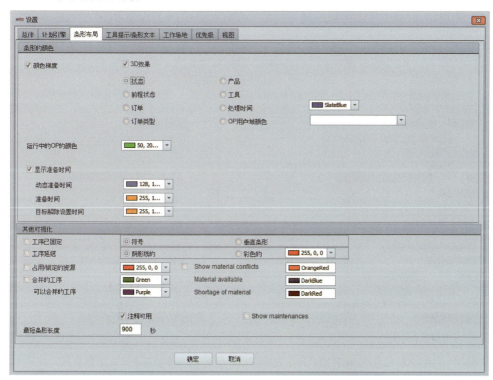

图 3.53 可配置计划面板的个性化配置选项

根据工序的运行时间和生产间隔的长短，可以将时间刻度调整为几分钟到几周。在生产任务较多时通过任务的不同颜色标记，可以快速地辨认特定的生产任务。通过有特殊颜色的标记可以使详细计划员快速辨认出延迟任务、有特别优先级的任务或者属于相同订单、相同项目的任务。

如果某个生产任务涉及多个工段、部门或其他生产组织单元，可以将相关设备定义为任意几个分组供不同用户操作计划视图。其好处在于可以为负责注塑的计划员显示注塑任务和注塑机，而生产准备工作则可以查看所有机床设备。

对每台设备和工位均可以配置独立的班制日历，能够显示准确的可用生产能力，包括休息时间、未开工班次及因预防性维护保养而导致的不可占用时间。当由于特殊班制、加班或人员短缺而出现短期生产能力变化时，可以用自定义的作息时间临时性替换或补充修改标准班制。

为了能得到最重要的生产任务信息，计划面板中提供了对话框或鼠标提示工具条。对话框的内容可以由用户自由确定，以便用户能持续了解其所需信息，例如计划作业时间、给定/实际装夹时间、给定批量、实际批量、计划开工和完工时间等详细信息。通过可配置的提示工具条，可以在甘特图上叠加显示所有重要信息，如图 3.54 所示。

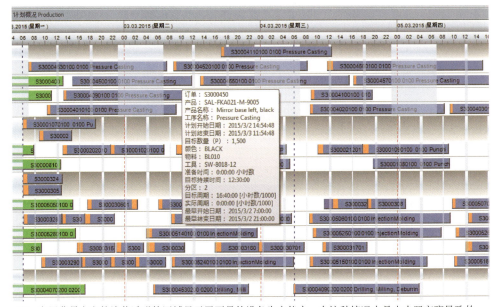

注：在屏幕最上方的浅蓝透明的区域显示了不足的设备生产能力，在这种情况中是由未开夜班导致的。

图 3.54　通过可配置的提示工具条可以在甘特图上叠加显示所有重要信息

### 3.3.3　详细计划和任务分配功能

原则上 HYDRA 系统用户可以自动或手动计划任务。在自动任务分配时会根据计划展望期、当前约束条件、加工订单池及可用的生产能力进行作业计划，在此可以使用事先定义的分配规则：

（1）按可调整分类标准进行可更改设备的分配原则。

（2）基于加权目标的目标驱动分配原则。

（3）基于指标规则的分配原则（例如最短作业时间，最少装夹成本）。

（4）根据外部优先级的分配原则。

手动作业通常用于自动作业分配之后对计划进行细调，通过拖放的方式编排或更改任务的作业计划。通过甘特图的图形化显示，用户能够快速发现设备的空余时段还可容纳任务的排入。当手动作业分配出现计划冲突时，用户会即刻得到提示，如图 3.55 所示。

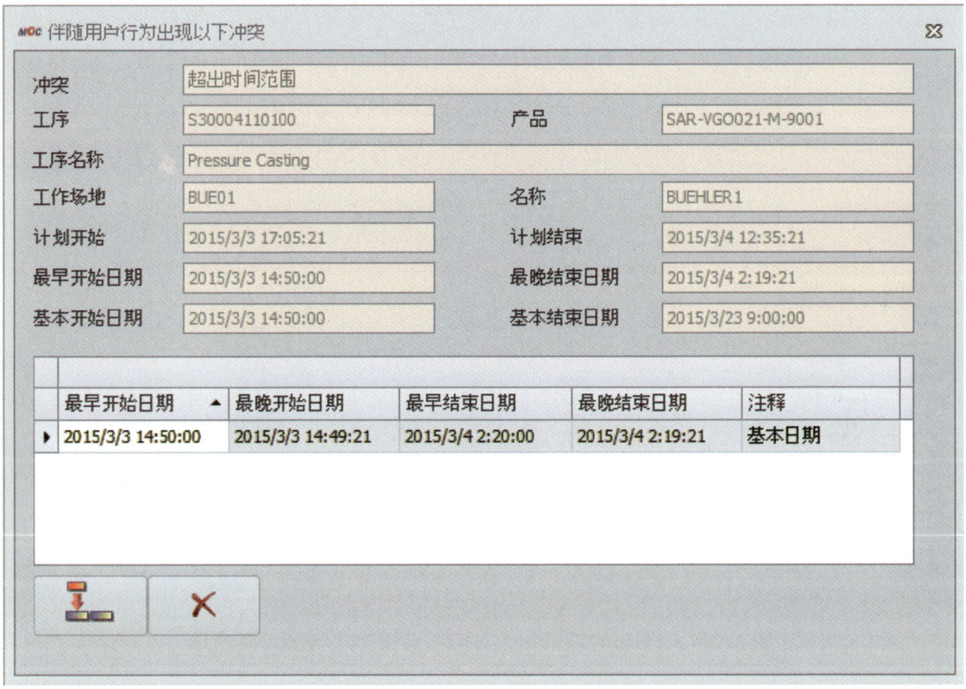

| | | |
|---|---|---|
| 冲突 | 超出时间范围 | |
| 工序 | S30004110100 | 产品 SAR-VGO021-M-9001 |
| 工序名称 | Pressure Casting | |
| 工作场地 | BUE01 | 名称 BUEHLER1 |
| 计划开始 | 2015/3/3 17:05:21 | 计划结束 2015/3/4 12:35:21 |
| 最早开始日期 | 2015/3/3 14:50:00 | 最晚结束日期 2015/3/4 2:19:21 |
| 基本开始日期 | 2015/3/3 14:50:00 | 基本结束日期 2015/3/23 9:00:00 |

| 最早开始日期 ▲ | 最晚开始日期 | 最早结束日期 | 最晚结束日期 | 注释 |
|---|---|---|---|---|
| ▶ 2015/3/3 14:50:00 | 2015/3/3 14:49:21 | 2015/3/4 2:20:00 | 2015/3/4 2:19:21 | 基本日期 |

注：通过图下方的按钮，计划员能控制该工序是否在有冲突的情况下仍然分配，是否顺延后面的工序或者自动寻找下一个空闲的时间。

图 3.55　当手动计划出现冲突时，用户会立即得到提示

生产中经常会出现一些不可预见的影响因素，例如，由于任务的取消或延迟产生设备空闲、设备出现故障或加工时间延长而产生工序重叠等。面对这类情况，HYDRA 生产指挥系统提供了自动排除控制。生产指挥系统将重新计算相关工序的计划日期并根据优化算法重新分配生产任务。

在插入所谓的优先生产任务时，生产指挥系统将检查现有的分配情况并给出提示，是否存在空隙以容纳新任务的插入，或插入新任务后会引发已有任务的延期及延迟导致的预计后果。

以下介绍备选生产方案：

在生产中会出现由于缺少刀具而导致生产延误的情况。当开始加载任务时出现了类似问题，HYDRA 生产指挥系统不仅能考虑优先生产方案，还能考虑备选方案，并为计划员提供建议，例如，使用备选设备或者替代刀具，如图 3.56 所示。

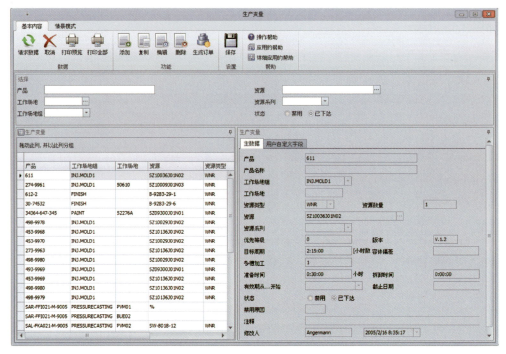

图 3.56　计划员可以得知，有哪些备选生产方案可供选择

## 3.3.4　优化

即使按事先给定的规则自动执行计划分配并进行手动修正，详细计划的结果有时也未必完全符合计划员的期望。在这种情况下计划员可以尝试通过优化功能对整个计划方案或者其中一部分进行改善。为此，**HYDRA** 生产指挥系统提供了基于进化策略的优化算法。算法通过改变影响参数（设置不同的权重）获得多个计划方案并采纳获得最终方案的最佳影响参数。对此计划员必须选择合适的预定义基础指标，或者通过对 HYDRA 系统中现有基础指标进行加权组合的方式自定义指标。此外还需确定哪些权重参数（例如加工时间、优先级）对计划产生影响，以及权重参数变化的频率，也就是应该执行多少次计划迭代。

以下介绍装夹转换优化：

在分配工序时不仅要考虑工艺规程中存储的静态装夹时间，还需考虑动态装夹时间。动态装夹时间根据装夹转换矩阵得出，并显示为附加的工序进度条单元。当加载或改变一道工序时，生产指挥系统会立刻算出新的装夹时间（见图 3.57）。计划员可以了解装夹状况是否及如何发生改变。在自动作业分配时生产指挥系统还会考虑累计的装夹时间，并根据装夹转换列表中的数据得出一个装夹时间最小化的优化计划结果。

| 类型 | 组 | 从...... | 至...... | 准备时间... | 忽略静态... |
|---|---|---|---|---|---|
| 工具 | | BC-36270 | BJ-39828 | 2:00:00 | ☐ |
| 颜色 | | BLUE | RED | 1:00:00 | ☐ |
| 颜色 | | GREEN | BLUE | 0:30:00 | ☐ |
| 颜色 | | RED | BLUE | 1:00:00 | ☐ |
| 颜色 | INJ.MOLD1 | BLACK | YELLOW | 2:15:00 | ☐ |
| 颜色 | INJ.MOLD1 | BLUE | YELLOW | 1:30:00 | ☐ |
| 产品 | | # | # | 0:00:00 | ☑ |

图 3.57　在装夹转换矩阵中存储了来自工艺规程的更换刀具、换色或其他活动的时间

## 3.3.5　仿真

HYDRA 生产指挥系统能够通过优化、通过设置不同的分配策略或仅通过手动调整设备的班次模型及效率，生成任意多个作业计划方案，对其进行保存和相互对比。根据计划目标及其权重自动计算一系列指标，例如设备利用率、空闲时间、装夹成本及交货率等。HYDRA 生产指挥系统会提供一个基于这些指标的具有说服力的对比结果。

当提供了多个仿真结果时，计划员将对得出的指标进行相互比较，从中遴选出具有最优计划结果的仿真（见图 3.58），并根据需要手动进行修正，存储通过这种方式产生的最优计划版本并下达至生产部门。

图 3.58　指标是遴选优化作业计划方案的决策依据

### 3.3.6　作业计划信息

与 ERP 或者其他手工计划工具相比,HYDRA 生产指挥系统的决定性优势在于,它不仅使计划情况而且使实时的实际数据可视化,从而为用户提供了对生产和计划状态的 360°全方位观察。根据需要 HYDRA 生产指挥系统可以在独立的窗口中提供每个生产任务、设备及设备组的信息或细节。

特别的是当等待队列中有过多待分配任务时,设备组或工位任务池列表是一种理想的辅助手段。列表中能够显示待排工序的详细信息(见图 3.59),如最早开始时间、最晚完工时间或优先级。用户可以对列表内容进行自由设置和排序。通过拖放,计划员可以直接将任务从表格中拖放至图形计划面板,并将其分配到合适工位的理想时间段,或者移动至另一台设备。

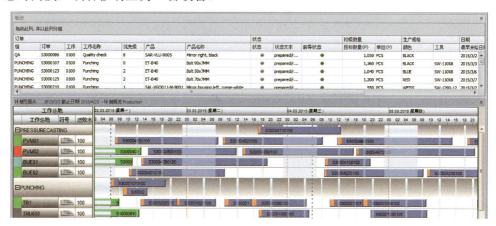

图 3.59　计划面板上部的表格显示了所有在某个设备组上的待排工序

#### 1. 冲突列表

冲突列表中记录了分配计划冲突情况,例如过负荷的设备、交货拖期和重复分配的资源或其他问题,如图 3.60 所示。通过这种方式,计划员能获得有助于判断冲突情况并消除生产瓶颈的有效信息。

#### 2. 生产任务网

任务链以图形方式显示了多层生产任务的总体从属关系,以及工序间的前导和后续关系,如图 3.61 所示。在对跨生产区域的工序进行作业计划时,也考虑了这种网络状结构。例如,某道工序由于延迟,若其结束时间晚于下道工序的最晚开始时间,则会触发一个警告信息,并在冲突列表中产生一条记录。计划员也可以因此了解这些工序之间还有多少缓冲余量。在必要时,可以进一步显示所有属于上一级组件或者客户订单的生产任务和部件。

冲突列表

冲突 RES

冲突 ▲

| MES订单编号 | 工序 | 组 | 资源 | 工序名称 | 产品 | 冲突 | 产品名称 | 拆分 |
|---|---|---|---|---|---|---|---|---|
| 冲突: 超负荷资源 | | | | | | | | |
| S30003000100 | 0100 | INJ.MOLD1 | B-8927-29-6 | InjectionMolding | SAL-FMO011-K-7033 | 超负荷资源 | Mirror housing left, cemen... | |
| S30003000100 | 0100 | INJ.MOLD1 | SGF-L-FMO011 | InjectionMolding | SAL-FMO011-K-7033 | 超负荷资源 | Mirror housing left, cemen... | |
| S30003010100 | 0100 | INJ.MOLD1 | B-8927-29-6 | InjectionMolding | SAR-FMO011-K-7033 | 超负荷资源 | Mirror housing, right, cem... | |
| S30003010100 | 0100 | INJ.MOLD1 | SGF-L-FMO011 | InjectionMolding | SAR-FMO011-K-7033 | 超负荷资源 | Mirror housing, right, cem... | |
| S30003040100 | 0100 | INJ.MOLD1 | B-8927-29-6 | InjectionMolding | SAL-FMO011-K-5013 | 超负荷资源 | Mirror housing left, blue | |
| S30003040100 | 0100 | INJ.MOLD1 | SGF-L-FMO011 | InjectionMolding | SAL-FMO011-K-5013 | 超负荷资源 | Mirror housing left, blue | |
| S30003060100 | 0100 | INJ.MOLD1 | B-8927-29-6 | InjectionMolding | SAL-FMO011-K-7036 | 超负荷资源 | Mirror housing left, platin-... | |
| S30003060100 | 0100 | INJ.MOLD1 | SGF-L-FMO011 | InjectionMolding | SAL-FMO011-K-7036 | 超负荷资源 | Mirror housing left, platin-... | |
| S30003070100 | 0100 | INJ.MOLD1 | B-8927-29-6 | InjectionMolding | SAR-FMO011-K-7036 | 超负荷资源 | Mirror housing right, platin... | |
| S30003070100 | 0100 | INJ.MOLD1 | SGF-L-FMO011 | InjectionMolding | SAR-FMO011-K-7036 | 超负荷资源 | Mirror housing right, platin... | |
| S30005020100 | 0100 | INJ.MOLD1 | B-8014-29-6 | InjectionMolding | SAL-FMO021-K-9001 | 超负荷资源 | Mirror base left, creme-white | |
| S30005040100 | 0100 | INJ.MOLD1 | B-4026-29-6 | InjectionMolding | SAL-FMO021-K-5013 | 超负荷资源 | Mirror base left, blue | |
| S30005090100 | 0100 | INJ.MOLD1 | B-2013-29-6 | InjectionMolding | SAR-FMO021-K-3000 | 超负荷资源 | Mirror base right, fire-red | |
| S30005100100 | 0100 | INJ.MOLD1 | B-25-29-6 | InjectionMolding | SAL-FMO021-K-1012 | 超负荷资源 | Mirror base left, yellow | |
| S30005110100 | 0100 | INJ.MOLD1 | B-25-29-6 | InjectionMolding | SAR-FMO021-K-1012 | 超负荷资源 | Mirror base right, yellow | |
| S30005180100 | 0100 | INJ.MOLD1 | B-25-29-6 | InjectionMolding | SAL-VTO021-K-3000 | 超负荷资源 | Mirror base left, fire-red | |
| S30005190100 | 0100 | INJ.MOLD1 | B-2013-29-6 | InjectionMolding | SAR-VTO021-K-3000 | 超负荷资源 | Mirror base right, fire-red | |
| S30005210100 | 0100 | INJ.MOLD1 | B-8014-29-6 | InjectionMolding | SAR-VSH021-K-9001 | 超负荷资源 | Mirror base right, creme-w... | |
| S30005230100 | 0100 | INJ.MOLD1 | B-4026-29-6 | InjectionMolding | SAR-VSH021-K-5013 | 超负荷资源 | Mirror base right, blue | |
| S30002070300 | 0300 | PAINT | DUE-SALV | Painting | SAR-VLU011-M-9005 | 超负荷资源 | Mirror housing right, black | |
| S30002080300 | 0300 | PAINT | DUE-SALV | Painting | SAL-VPO011-M-9005 | 超负荷资源 | Mirror housing left, black | |

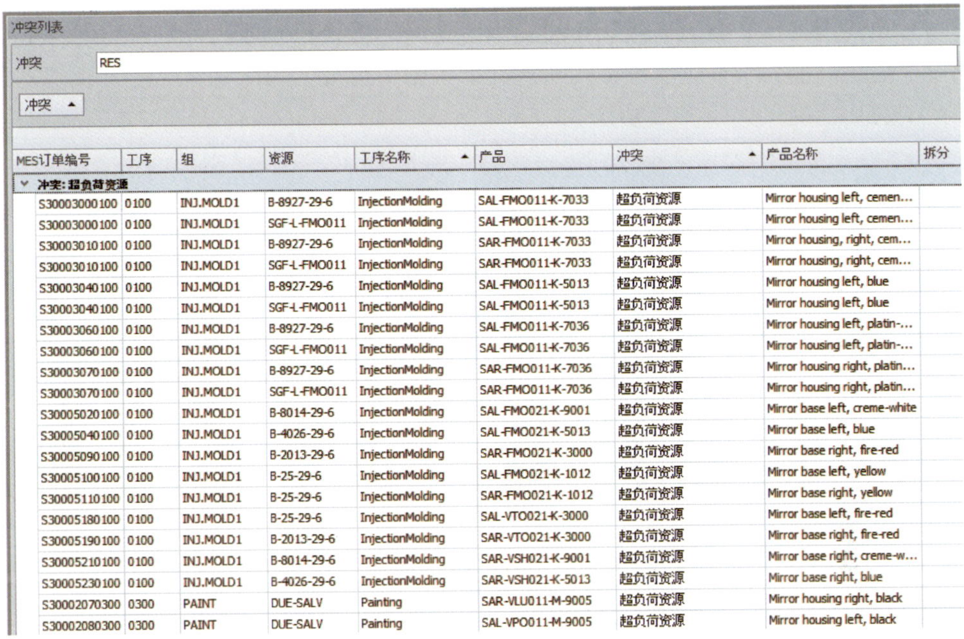

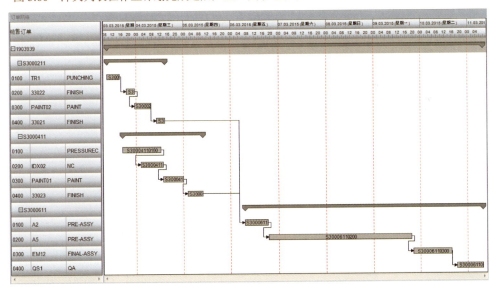

图 3.60 冲突列表在作业计划完成之后产生，列表包括因计划冲突而不能被纳入计划的工序

图 3.61 图形化显示同一个任务的工序之间关系

## 3.3.7 生产能力负荷评估

通过负荷视图和生产能力负荷两个功能可以回答例如“我们最早什么时候能安排这个客户订单”，“生产负荷如何”或者“我们是否还有空余时间”等常见的问题。

负荷视图显示一台设备或一个设备组可选时间段（日、周、月）内的现有负荷情况。而生产能力负荷则详细显示可选时间段内一台设备的现有生产能力和已分配负荷的对比情况，如图 3.62 所示。

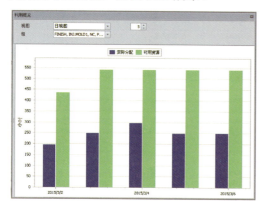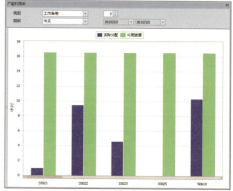

图 3.62　可使用生产能力与已分配生产负荷的对比

以下介绍生产能力峰值：

生产能力峰值以直方图的形式给出。通过生产能力峰值，生产计划员可以一眼看出多少生产能力可用（如图 3.63 中的红线），其中多少已被分配（绿色区域），以及生产任务池中的生产任务还需要多少生产能力（蓝色区域）。红色区域显示的时间区域表示在这个时段中生产任务的分配已经超出设备的可用生产能力。

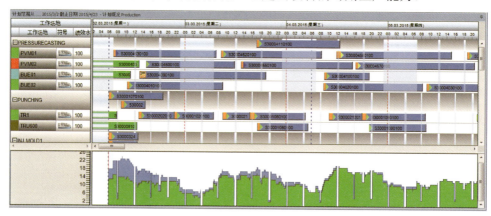

图 3.63　设备生产能力利用的图形化显示

## 3.3.8　HYDRA 生产指挥系统功能模块一览表

| 生产指挥系统功能模块 | 说　　明 |
| --- | --- |
| 甘特图（计划面板） | 核心的作业计划和计划信息工具 |
| 班次日历和绩效等级 | 描述实际可用的生产能力和设备的绩效能力 |

| 生产指挥系统功能模块 | 说　　明 |
| --- | --- |
| 计划视图 | 定义由计划员操作处理的设备和工位 |
| 计划排产 | 当 ERP 只提供整个生产任务的期限时,通过计算得出每道工序的计划期限 |
| 待排生产任务组 | 包含所有未分配到设备的任务 |
| 作业分配规则 | 设置自动作业计划采用的算法 |
| 备选生产方案 | 备选生产方案根据备选工艺规程生成,并当原作业计划因资源缺乏时替换使用 |
| 优化 | 基于加权指标的优化算法 |
| 装夹时间优化 | 基于装夹转换矩阵的装夹时间的最小化 |
| 冲突列表 | 在作业计划出现计划冲突时进行记录 |
| 生产能力峰值(柱状图) | 显示现有和已分配生产能力的变化曲线 |
| 设备负荷视图 | 显示设备组的现有能力和已分配负荷对比的柱状图 |
| 生产能力负荷 | 对单台设备的现有产能与已分配负荷进行对比 |
| 生产任务网 | 图形显示某一生产任务中的各道工序 |
| 工序分批作业 | 将批量大的工序分割为多道工序,以便实现在多台设备上并行加工,或在一台设备上顺序加工时分批转移 |
| 反馈通知 | 在识别到定义的情况时自动触发反馈信息 |

# 3.4　材料和生产物流

每个生产企业的核心要求是能够在正确的时间和地点,获得具有正确数量和质量的正确材料。及时掌握工件在制品和半成品的数量及所在位置也同样重要。通过 HYDRA 的材料和生产物流功能(MPL)可以实现生产车间层的物流控制和在制品监视,如图 3.64 所示。

ERP 的逆行性材料登记是在整个的生产任务结束后才进行原材料和生产在制品登记的。与此不同,HYDRA 的 MPL 具有更高的详细程度和更小的滞后时间。在每一个生产步骤中产出的工件或半成品通过所谓的材料缓存区或者在制品仓库进行清点,并根据结果推导出非常详细的材料消耗和在制品库存的报告。

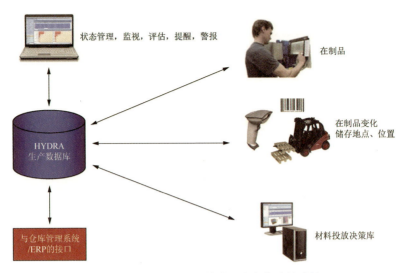

图 3.64　HYDRA 系统材料和生产物流的功能

# 3.4.1　材料和在制品管理

在 MES 的在制品存放位置中，通过材料缓存区保存原材料和半成品的临时存放点信息。其合计数即为流转在制品的总量。从物流的角度出发，这一信息给出了在制品将于何时用尽，何时必须发出采购或仓库领料订单。材料缓存区与相应的运输单据相结合可以支持面向看板生产的工作流程。

材料缓存区及其相关属性值，例如最大和最小库存极限可以在基础数据管理中设置，如图 3.65 所示。

图 3.65　材料缓存区及其属性

为了将材料从一个工位搬运至下一工位，通常需要使用作为运输单元进行管理的货物运送车。在基础数据管理中，可以对运输单元及其详细基础数据如规格尺寸和载货量等进行配置，如图 3.66 所示。

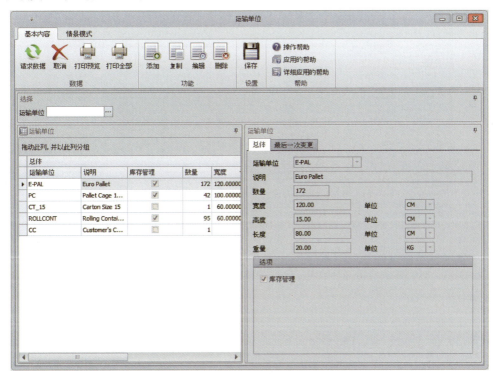

图 3.66　定义货物运送车及其属性

## 3.4.2　在制品概览和失效统计

在制品概览随时为负责人员提供有关在制品库存的信息，包括材料的种类、数量、位于哪个材料缓存区或在制品仓库中。结合物料编号可以进行物料批次，即物料的分单元管理，物料批次具有单独的批次状态，如锁定、已投放、失效等。由于批次状态清楚地提供了如何处理各个在制品的说明，因此，以此为基础即可构建简便的物流控制。

如果通过 HYDRA 系统的设备数据采集终端或直接在设备旁的工况数据采集终端采集得到设备生产数量信息，然后将此作为设备产出量存储于材料缓存区，那么甚至可以实现实时的在制品概览。

与此相似，对于位于运输单元的物料也可以进行在制品浏览。通过库存监视功能可以有效地监视材料缓存区中的在制品库存，如图 3.67 所示。

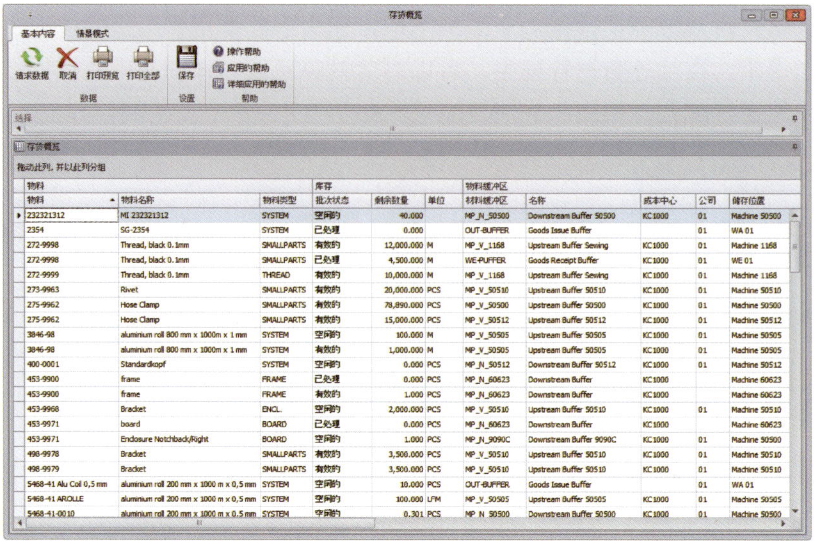

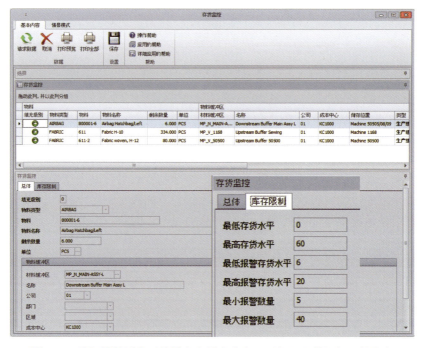

图 3.67　对材料缓存区和每个登记的库存的实时概览

　　每个材料都可以独立定义最小和最大库存极限（见图 3.68）。通过定义提醒和警报极限值，HYDRA 系统的 MPL 会自动输出警报或提醒，并通过"反馈通知模块"通知有关人员。

图 3.68　监视材料缓存区的最小和最大库存及对提醒和警报极限的定义

以下介绍失效统计：

失效统计通过表格和图形方式显示超出失效时间点的材料，并会根据任意选择的时间段计算已经失效或即将失效的材料的数量，如图 3.69 所示。

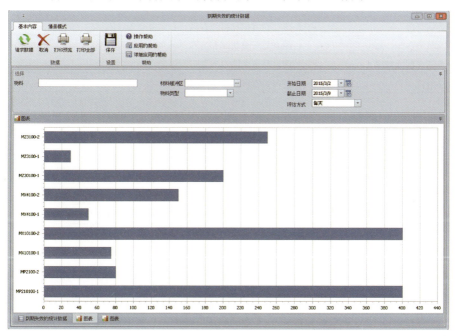

图 3.69　计算在所选时间段内失效材料的数量

提醒报告列出所有在给定时间段内已经触发过失效提醒的材料批次，如图 3.70 所示。

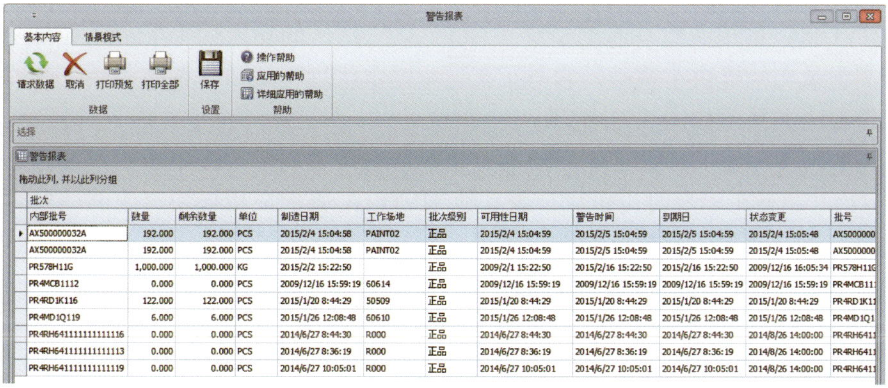

图 3.70　表格显示失效日期概览

### 3.4.3　HYDRA 系统 MPL 功能模块一览表

| MPL 功能模块 | 说　明 |
| --- | --- |
| 基础数据管理 | 建立和维护材料缓存区、在制品仓库及其属性 |
| 在制品概览 | 图表显示材料缓存区和已记录的在制品数量 |
| 运输单元在制品概览 | 图表显示运输单元和已记录的在制品数量 |
| 在制品监视 | 材料缓存区的最小/最大库存的监视及提醒、警报极限值的定义 |
| 提醒报告 | 列出所有已经触发过失效提醒或在评估时段内将失效的材料批次 |
| 失效统计 | 计算在给定时间段或观察期内失效材料的数量 |
| 失效预报 | 预估现有在制品将于何时失效 |
| 材料运转 | 显示所有材料的周转，例如出入材料缓存区的入仓和出仓 |
| 在制品存活期观察 | 对某一生产步骤中产生并将在下一个生产步骤中消失的在制品进行预测的功能 |
| 反馈通知报告 | 在识别到定义的情况时自动触发反馈并通知信息 |

# 3.5　跟踪和追溯

　　许多企业的一个日常任务就是给该企业生产的产品的所有工艺环节进行完整的检验。这样在发生投诉索赔时，最终产品的可追溯性及投入生产的原材料证明就能够保障产品的使用安全性。国际标准如 FDA 的标准 21 和 CFR11，以及欧盟标准 178 对于尤其是特殊食品和药品的生产具有很大的约束。即使对包装材料的生产或者与安全相关的配件如汽车行业中的配件供应商也有严格的规范。

　　HYDRA 系统跟踪与追溯模块（TRT）以它广泛的功能性为批量跟踪和无差错的产品记录文档提供了基础，它与工艺过程是单级过程还是复杂的多级工艺过程或分级过程无关系，如图 3.71 所示。

　　为实现无差错的产品证明，产品产出时所有细节均记录在电子生产报告中（见图 3.72），并且在需要时也可以记录其他 HYDRA 系统应用模块产生的信息。对于流动中产生的批次或者批量会被记录下列数据：

　　（1）描述材料的批次和批量属性（例如质量、生产日期）。

　　（2）使用的生产原料。

　　（3）投入使用的设备。

　　（4）获取的工艺数据。

　　（5）参与生产过程的人员。

　　（6）使用的工具。

　　（7）设备和工具的维修保养数据。

（8）生产质量相关的测量数据、测量工具等。

用户可以自行设定打印格式及包含哪些生产证明数据。

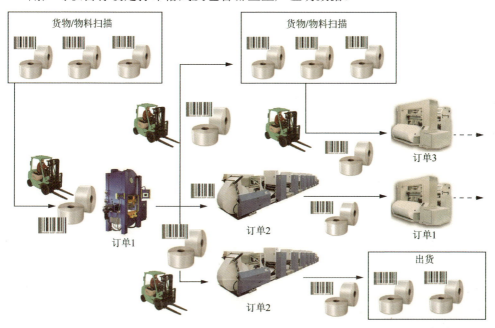

图 3.71　通过采集入口批次、产出出口批次及生成标签，HYDRA 系统实现了批次跟踪的要求

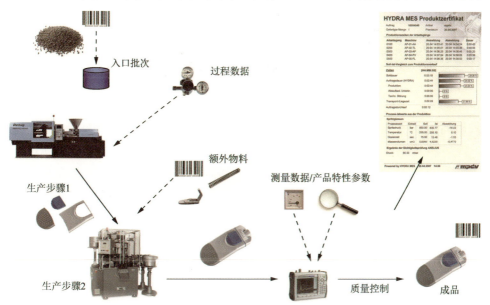

图 3.72　所有加工过程中的生产数据都记入到电子生产报告中

　　然而，HYDRA 系统不仅能展示产品的制造，而且其跟踪与追溯模块还能使得生产过程更加可靠。为此,该功能模块通过主动性监测生产过程有效介入工艺链中,在故障情况下自动终止加工过程。图 3.73 展示了生产过程中对生产人员的支持。与零件表中的预先设定值不同，HYDRA 系统在生产过程中控制的是投入原料的原始值。在混合之后将生成唯一的批次编号包括中间产品的批次标签，所有的这些都在接下来的生产步骤中被保存，同时针对订单的原始数据还要进行可信度测试。只有当测试通过的时候，下一步生产步骤才会触发。

图 3.73　该图例展示了生产过程中对生产人员的支持

　　HYDRA 系统为企业内部的物料流提供了更多的帮助，例如产品、批量及批次在一个多步骤的生产流程变得清晰明确。用户使用跟踪与追溯功能与诸如 RFID 无线电射频标签或者容器箱上的条形码相连，通过一个唯一的批量 ID 或批次 ID，能够随时找到存放于在制品仓库中的产品，并且无混淆风险地分配给客户或仓库订单。

## 3.5.1　批量和批次数据采集

　　HYDRA 系统中有一系列标准对话框用于设置批次和批量数据采集，其设置也可以针对特殊应用场景进行调整和改变，如图 3.74～图 3.76 所示。

　　采集时重要的一点是通过条形码扫描仪或 RFID 读写器实现批次和批量数据的自动化读取过程，这样可以防止人为错误数据的输入。当然，这时也应用了可信度检验，从而避免生产中错误数据的录入。

注：图中 AIP 屏幕里的上半部可以看到与设备和加工订单相关的信息及相关的操作按钮，下半部是批量和批次相关数据，图例显示的是加工订单产出的输出批次。

图 3.74　设置批次和批量的对话框

注：当盛放原料的容器为空并且需要在一个新的容器里放入新的生产原料时，在该 AIP 图例的对话框中，操作工可以改变登记输入批量或输入批次。

图 3.75　改变登记输入批量或输入批次的对话框

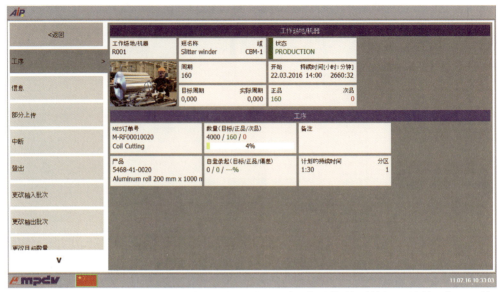

注：该对话框用来根据需要重新登记批量和批次，例如当产出批量被质保系统归入不合格一类而必须把产出的工件登记入隔离仓库时，可以使用该对话框。

图 3.76　根据需要重新登记批量和批次的对话框

## 3.5.2　批量和批次跟踪功能

在批量和批次概览界面，可以看到系统中所有的批量和批次情况，无论其是否由 HYDRA 系统生成或来自 ERP 系统。界面中显示的是典型的批量和批次信息，例如状态信息、生产日期、失效日期、库存地点（物料缓存）、数量信息、特性参数及特殊的批量和批次数据，如图 3.77 所示。

通过图表形式的批量和批次跟踪，可以生成批次树，它是以图形方式记录的产品生成数据，如图 3.78 所示。批次树不仅能够从原材料到最终产品进行查看，还可以以相反的方向查看。例如，当消费者发现不合格产品的时候，能够反向推算问题出在哪个批次环节（原材料还是半成品）。然后再正向查看，这个不合格物料流经哪些生产过程，这样可以查出那些可能需要召回或返修的产品。

批次树对应的是上述提到的批量及批次跟踪，它为产品设计提供补充信息的表格，如图 3.79 所示。

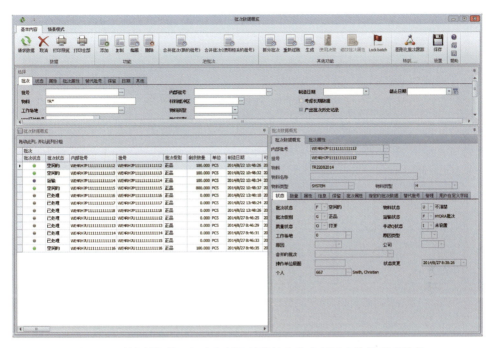

图 3.77　所有的批量、批次包括相关的补充信息都以表格的形式呈现

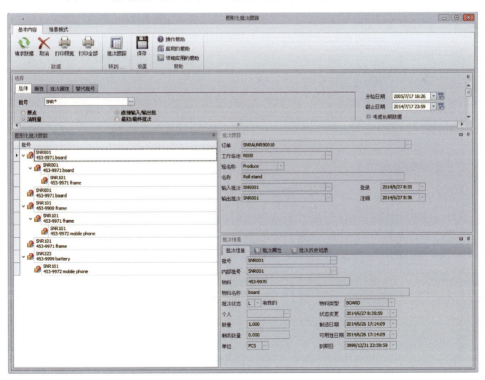

图 3.78　批次树是反向跟踪的理想工具

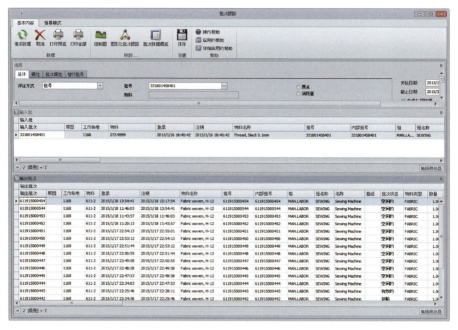

图 3.79　批量及批次跟踪包括补充信息的表格

### 3.5.3　产品文档

在批次历史中按时间顺序显示所有同一批量或批次采集到的生产过程信息。某一批量或批次的完整历史文档如图 3.80 所示。

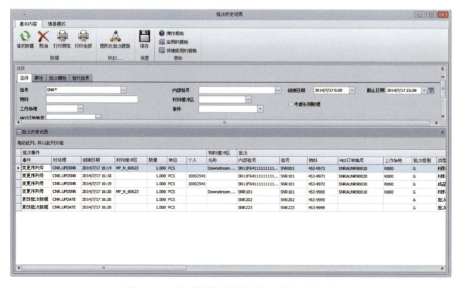

图 3.80　某一批量或批次的完整历史文档

### 3.5.4　HYDRA 系统跟踪与追溯功能一览表

| 系统跟踪与追溯功能 | 说　明 |
| --- | --- |
| 基础数据 | 对批量和批次数据的集中管理 |
| 批量和批次数据的采集 | 加工现场的 BDE 终端或 PC 上有可设置的对话框，用以采集批量和批次数据 |
| 托盘化运输/包装/批量生产 | 在托盘运输和包装工位包括标签打印时的特殊功能 |
| 批量和批次概览 | 包含所有当前批量和批次及其详细信息的表格 |
| 图形化批量和批次跟踪 | 图形化的批次树用于反向跟踪（顺向和逆向）所有生产过程 |
| 表格形式的批次跟踪 | 该表格用于显示产品生产过程中所有批量和批次信息 |
| 批次历史 | 批次或批量的完整文档 |
| 电子生产报告 | 产品生产过程的完整文档 |
| 反馈通知 | 识别到定义状态时自动触发反馈通知 |
| 记录批量和批次数据 | 按任意时段将数据存储在记录表中并通过评估得出分析值 |

# 3.6　过程数据处理

对于技术和工艺上要求非常高的产品通常具有复杂的高精度生产加工过程。若不对生产参数进行连续监测、不通过统计分析进行配方或调整参数的连续改善，则直接导致的后果就是产品质量不过关和废品数的居高不下。

尽管当前先进的机床设备控制系统能够连续调节并记录生产参数及过程数据，HYDRA 系统的过程处理模块（PDV）提供了更进一步的功能。通过基于 HYDRA 生产数据库的完整集成，HYDRA 能够实现与其他生产过程数据的关联性分析。这样能够识别出诸如某一零件的生产工艺流程与投入的原材料批次、采集的设备数据或所用刀具之间的关联关系，并有可能据此对工艺过程进行优化。

HYDRA 系统过程数据处理模块的实时功能能够在 BDE 终端或 PC 上为相关生产人员直接在线显示自行采集或来自机床设备的过程数据。这是一个重要的前提，这样才能在运行的生产环境中监测其生产过程，并能立即发现紧急状况或者不良趋势，从而及时采取相应的控制措施。

进一步的有效作用在于能够从根源上避免差错或无效生产时间。这样就可以通过在 BDE 终端上选择生产任务，随即将任务/零件有关的设置参数、测量规范包括相关的控制极限和公差极限直接传递给机床设备，从而实现无纸化自动生产。

除此之外，**HYDRA** 系统过程数据处理模块还能作为生产过程检测的数据来源应用于 **HYDRA** 质量保证模块。采集的过程数据将和手工输入的或者通过测量装置测出的数据一样被记录，并以诸如原始值卡、X-横向调整卡或其他调整卡的形式进行分析和归档。这些数据储存于 **HYDRA** 系统的长期文档中，作为完整的生产文档的组成部分，它是立法者或客户所要求的产品制造证明。

**HYDRA** 系统过程数据处理模块的功能组成部分如图 3.81 所示。

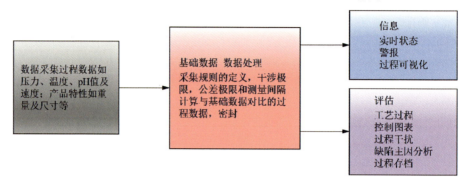

图 3.81　HYDRA 系统过程数据处理模块的功能框架

## 3.6.1　基础数据的管理

所有需采集的过程参数都记录在特征参数目录中。对于每个测量值均有详细的说明项储存于其中，例如物理单位、计算公式、抽样间隔、测量及显示的过滤调节量、上下公差极限及过程极限等。过程尺寸和特征值的建立和管理如图 3.82 所示。

下一个步骤是将过程值与逻辑通道（也就是与具体的机床设备）相关联。这时需要确定,以何种方式采集数据或通过哪些接口接收数据,如何记录处理超差事件,如触发报警信号。

由于过程值的测量和计算可能随着其他边界条件的改变而改变（例如因某个客户更严苛的要求而缩小公差范围),因此,数据项均设有一个有效时段。以此为基础,**HYDRA** 系统过程数据处理模块可以为给定的时间区间自动采用相应变化的采集和计算规则（版本可变控制）。过程值逻辑通道的设置和管理如图 3.83 所示。

除传统的过程控制功能外,HYDRA 系统过程数据处理模块按照集成化 MES 理念，可以将如何采集和处理某个零件的工序过程参数的规则进行总结，形成类似质量控制中的测试计划。这里还可以考虑其他一些边界条件和关联关系,如所用材料或有效时段等。

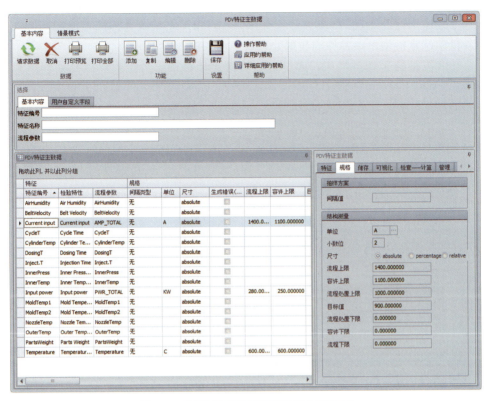

图 3.82　过程尺寸和特征值的建立和管理

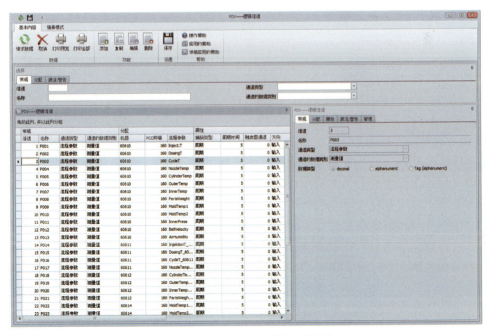

图 3.83　过程值逻辑通道的设置和管理

当某道工序在 BDE 终端被登记开工，HYDRA 系统就会扫描存储的规则；然后，自动选定适用于该零件的数据处理规则，如图 3.84 所示。

功能按键位于任务栏中，通过这些按键可以激活、禁止或释放及处理现有的规则。

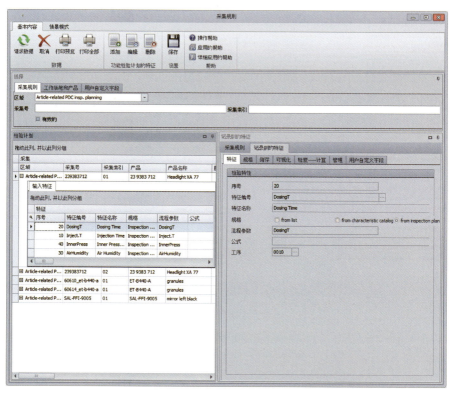

图 3.84　将各项过程值总结归入任务或零件相关的采集规则

## 3.6.2　过程数据的在线可视化

HYDRA 系统过程数据处理模块根据实际的具体要求不同，可以将已采集和处理的过程数据以不同的形式展现，可选择直接显示在 BDE 终端上，显示在生产现场的大屏幕上或者在负责过程控制的工作人员办公用的计算机上。

以下介绍过程监测器：

过程监测器上以指针形式显示出机床设备的所有选定的过程参数（见图 3.85）。除显示即时的测量值外，还标明所设的极限值。这样就能一眼看出过程是否在预期的范围内运行，或者因为当前值已超出公差或控制极限而必须采取措施，还可以选择随时间变化的块状图、数字或测量曲线等显示方式。

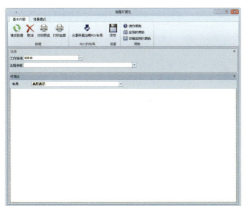

图 3.85　以指针和进度表形式显示实时测量值的过程监测器

除此之外，HYDRA 系统过程数据处理模块还可以使用简便的可视化工具（见图 3.86），这些工具在 "设备数据" 这节中就已经以图形化设备组的形式阐述过。通过使用编辑器可以图形化展示设备和仪器，还可以以不同的形式将实时过程值可视化。这种过程显示图就可以适合在大型监视器显示，以提供在加工过程中过程状况的实时视图。

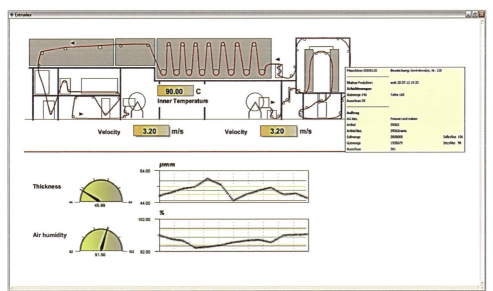

图 3.86　具有各种显示手段的过程曲线的可视化工具，用于个性化的显示设置

## 3.6.3　分析和评估

HYDRA 系统过程数据处理模块能在任意长的时间内，将采集和接收的过程数据存储在数据库中，以便于在需要时进行分析，推断出过程性能及在过程优化时使

用分析结论。当然，在这里 HYDRA 系统应用的集成化特性也起到重要作用，因为只有在关联性分析中，例如设备和批次数据的关联分析，才可能发现问题的真实原因。

### 1. 图形化过程分析

典型的应用例子就是所谓的图形化过程分析。在图 3.87 所示的屏幕中，上部区域显示的是含有预设的公差和控制极限的所选过程数据模拟轨迹，下部区域则显示从 HYDRA 系统设备数据里压缩评估后形成的设备时间图像。相关负责人只有通过比较两种分析，才可以判断过程问题和设备性能之间的关系及它们对生产有什么影响。

如果还需要其他的过程参数，还可以进一步连接生成其他过程曲线图。

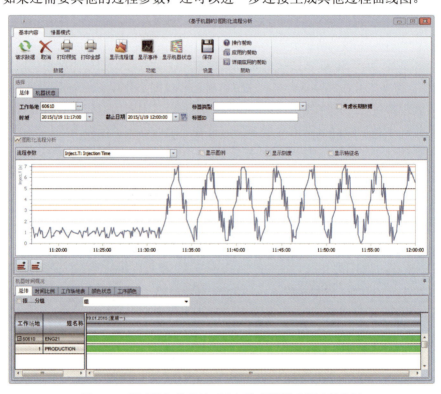

图 3.87　通过设备故障显示进行关联性图形化过程分析

选择性和关联性分析的原理和优点将在下面的例子中清楚地阐述。通过图形过程分析可以有目标地抽取过程参数样本，这些样本是加工订单中大量样本中选出的。还可以在和不同的参数比较之后看出各个值之间的相互关系，这些参数是从一个或者多个曲线图中选出的，如图 3.88 所示。

### 2. 缺陷主因分析

缺陷主因分析是一个非常有效并且复杂的分析模型。这里同样显示有相关数据，例如，通过 BDE 终端采集的废品报告，并详述过程干扰对产品质量造成的影响，如图 3.89 所示。

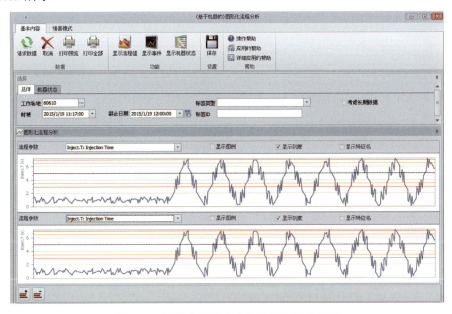

图 3.88　调整卡用于对所选过程参数的分析

图 3.89　用于分析过程干扰的缺陷主因分析

### 3.6.4　HYDRA 系统过程数据处理功能一览表

| 过程数据处理功能 | 说　　明 |
|---|---|
| 基础数据维护 | 定义过程数据的采集和处理规则 |
| 过程数据监视器 | 以指针图或者柱状图的形式在线显示实时过程值 |
| 图像化过程可视化 | 用于显示过程值的车间、设备和仪器布局图 |
| 文档 | 给定预设值的所有更改日志记录 |
| 过程记录 | 显示所有过程干扰和事件 |
| 图形化过程分析 | 显示过程曲线图进行关联性分析 |
| 过程分析统计 | 基于抽样的调整卡用于过程值分析 |
| 缺陷主因分析 | 过程干扰的统计评估 |
| 过程跟踪 | 基于识别标签的过程分析 |
| 长期档案 | 包含评估的长时段过程参数存档 |
| 反馈通知 | 在识别出特定的状态如超出过程极限值时，自动触发反馈通知 |

# 3.7　工具和资源管理

　　生产工具、生产资源及其他资源在许多制造企业中正发挥着越来越重要的作用。它们是企业除保养得当的机床和高素质的员工之外必须具备的东西，是企业能够在规定时间和成本内生产出高质量产品的保证。反之，在没有可避免的停机时间和等待时间的情况下，那些处于不良状态或者经常无法使用的工具，以及加工设备将会给高效的生产制造来带来巨大的隐患。

　　工具和资源管理（WRM）模块拥有丰富的功能，它能为工具及其他生产资源的高效管理和组织提供全面的支持，并能提供这些资源当前的状态及其可用性等信息（见图 3.90）。HYDRA-WRM 模块能够对工具和生产资源的整个生命周期的各个参数，例如状态信息、存放位置、使用寿命、磨损程度、维修保养、投产历史等进行跟踪、记录并将这些数据呈现给用户。与 HYDRA 生产指挥系统捆绑在一起的专用规划功能可以及早识别出工具和生产资源的生产能力瓶颈并提供消除这些不足的措施。其预防性维护功能提高了 HYDRA-WRM 模块应用广泛，并且让那些昂贵的、需要人工操作的和容易出现错误的工具书成为过去式。

　　如同其他的 HYDRA 系统应用模块，WRM 的集成工作模式对操作工、调整员及工模具制造人员在生产控制及生产准备中都起着巨大的支持作用。例如，在任务接收时工具编号会在 BDE 终端中被记录下来，所有采集的数据诸如工件数量、行程或者节拍及生产和停止时间等均同时关联至所使用的工具。在 HYDRA 生产指挥系统详细计划时，可以同时启用对机床可用性的检查，以确定加工设备及工具是否齐全和准备就绪。在任务加工期间，**HYDRA** 检测某工具达到维护期限，备用的计划方案是否可行甚至必要。一份完美的产品证明的意义在于，除与质量相关的参数外，工具数据也能够如同电子制备报告或者批次记录那样被记录下来，以保证对参与生产的所有过程的 360°全方位观察。

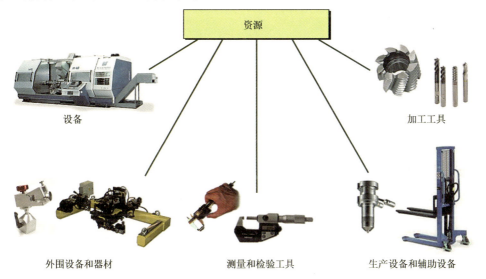

图 3.90　HYDRA-WRM 不止是管理着工具，还包括其他直接或间接参与到加工过程中的资源

## 3.7.1　基础数据管理

为了便于理解及减少操作难度，HYDRA-WRM 将使用相同的表格和结构功能，基础数据的更改和删除操作与其他模块如 HYDRA 系统的设备数据或者能源管理模块保持一致。基础数据的参数一方面按工具、生产资源或测量及检测工具等分别归类，另一方面在 HYDRA 中的数据采集及处理过程也是分别控制的。为此，组合刀具的每个组成单元的库存地点、特殊属性、附属文件及预防性检修的措施等均具有单独的数据项。

加工刀具的特殊性在于它可以由多个单元组成，其从属关系在刀具明细表中会有明确定义。刀具明细表可以通过工具/资源管理功能建立，如图 3.91 所示。

HYDRA-WRM 提供了很丰富强大的配置功能，能够方便地建立和更改复杂情况下的工况和状态参数，如组合刀具某个单元需要更换时。HYDRA 生产指挥系统在制订工序详细计划时，需要对其明细表中所有单元的可用性进行检查，同样，在 BDE 或者 MDE 中采集的数据都会被记录在各组成单元中。

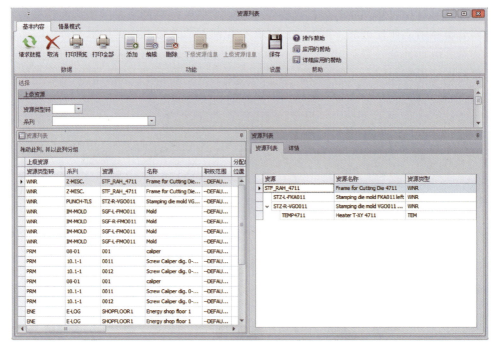

图 3.91　刀具明细表中的各组成刀具单元概览

　　用户在 WRM 功能的资源操作中，可对采集的数据定义如何进一步处理和记录到工具和资源数据项中。此外，资源状态（见图 3.92）也将被记录下来（如发布、锁定、异常、不可用及已优化等状态），这对于可用性检查至关重要。利用该功能也可以完成工具转移到另一存放点或者采集各种措施（包括评估）等操作。

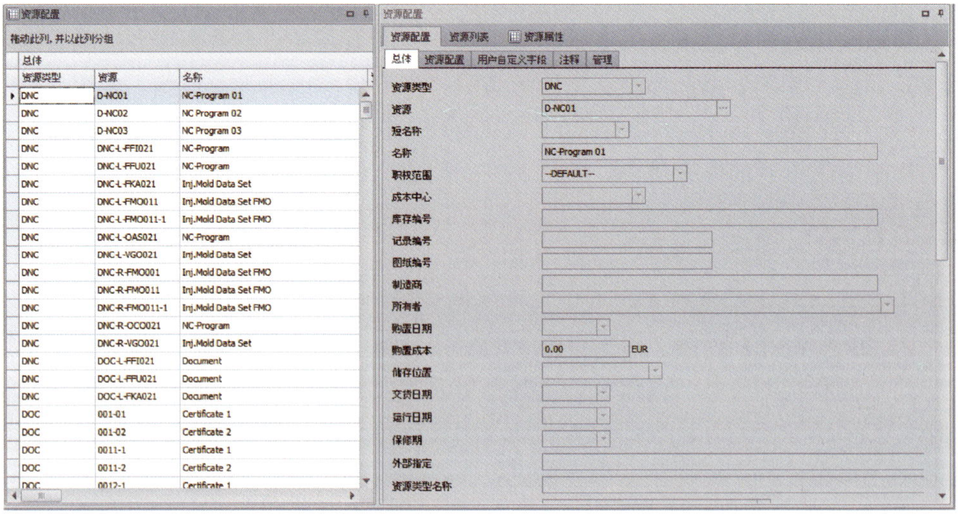

图 3.92　在基础数据中可以描述资源的详细信息

在注塑成型或者成型加工领域中，HYDRA-WRM 为用户提供了一个特殊功能，在型腔管理中可以通过表格建立一套模具的多个型腔，每个型腔具有单独的数据项，并可对其单独发布或禁用。通过设备节拍或行程，在计算生产零件数量时，根据型腔管理自动地考虑具体实际的调整。

## 3.7.2　工具和资源的实时信息

除资源状态以外，资源概况也有着重要的地位。只需按下按钮，所有的工具和资源的实时信息都会在资源概况中展现出来，如图 3.93 所示。

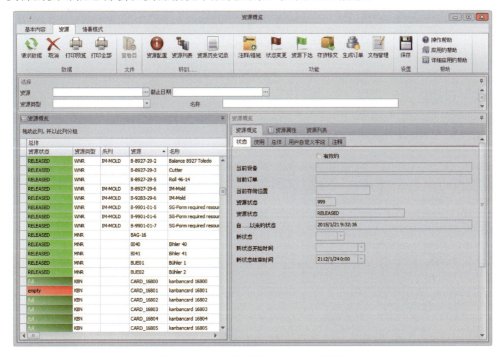

图 3.93　工具和资源状态的实时概况

除了选中的基础数据，还显示了实时状态信息。例如，对于工具处于活动状态，若登记为使用，则显示使用于哪台设备及哪道工序；若资源被禁用，则显示禁用原因和开始禁用的时间点。此外，表格还包含了工具的存储位置、数量及已使用时间等信息。

下面介绍工具的维修保养日历（见图 3.94），这是一个在工具和资源的日常运作中的常用功能。在此可以建立旨在预防性维护保养的任意多个活动。维修间隔的确定依据生产节拍、行程及加工循环，根据工作运行时间或者采用固定时间间隔。

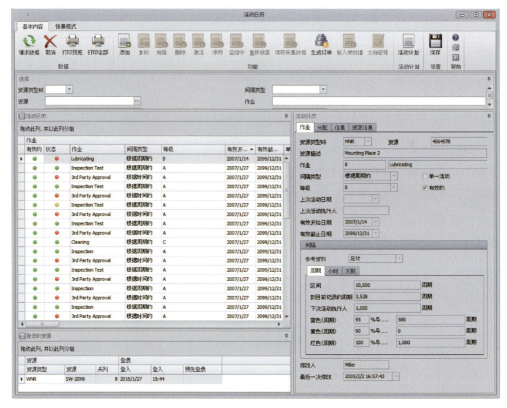

图 3.94 维修保养日历作为维修保养理想的工具

当前的维修保养活动的状态通过不同的颜色标记醒目提示。因此，用户可以方便地识别出当前哪些资源处于维修状态及需要进行哪些操作。

维修保养活动会自动地被监测与记录。超过维修间隔期就会引发一个特别通知，并通过 HYDRA 系统的向上反馈管理模块以短消息或者电子邮件的形式转发给相关人员。

此外，维修保养日历还有一大亮点，即按一个相关的按钮就可直接生成当前活动中的维修保养任务。这些任务通过一个特殊标志区别于其他加工订单。但它们能够与加工订单一样通过 HYDRA 生产指挥系统安排作业计划，并通过 BDE 登记时间及其他信息。

为了能让车间工人和调整员直接在信息流中联系起来，维修活动的数据也会在 BDE 终端上显示，如图 3.95 所示。此外，还可以在维修保养工作完成后将节拍、行程或运行时间置零。

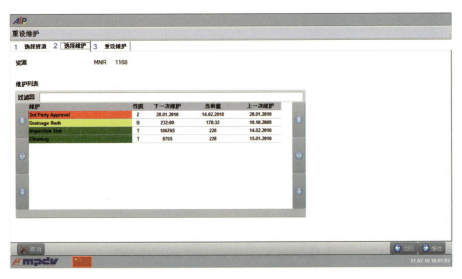

图 3.95　维修保养日历可直接在 BDE 终端使用的维修保养功能

## 3.7.3　分析、报告和存档

当采集到的工具和资源数据按预设的处理规则经过处理之后，它们就能够以不同的形式供分析、报告并压缩提炼归档。

在资源使用功能中，对所有的数据，例如数量（节拍次数、行程次数、注射次数）、工具和资源记录的使用时间，连同其重要的基础数据均详细列出，如图 3.96 所示。

图 3.96　某个资源采集到的所有数据概览

下面介绍工具的历史信息：

在资源历史记录中，工具或者其他资源的所有信息都会以简略的形式展现出来，如图 3.97 所示。

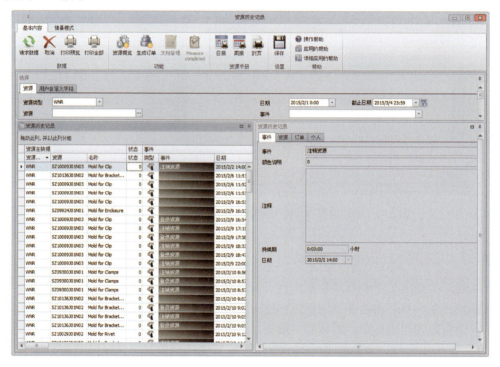

图 3.97　在资源历史记录中显示工具的完整信息

此外，在历史记录中可以生成按时间顺序排列的所有与工具/资源相关的电子记录数据文档，并可按个性化配置格式输出打印报告。

### 3.7.4　计划功能

当 HYDRA-WRM 与 HYDRA 生产指挥系统中的详细计划功能联系起来时，尤其能充分体现出高效的协同效应和使用优点。在这两者的组合应用中，生产指挥系统根据设备作业计划检验各待排工序所需刀具在预定时间是否可用，此时会根据刀具明细表考虑所有刀具单元及其参数。例如，在预设的生产时间内，若检测到某把刀具因达到维修间隔时间或最大节拍（行程）次数而必须进行维护，则生产指挥系统会通过相应设置的算法进行自动响应。在这种情况下，原则上系统将不执行该作业计划，而将涉及的工序记录在冲突列表中，如图 3.98 所示。

实施详细计划的生产调度员或工长通过资源甘特图，能够清楚了解是否存在刀具或资源的重复或交叉分配，以及涉及哪些工序，如图 3.99 所示。当出现计划冲突时，例如，因设备故障导致作业计划进度延迟，计划人员可以实施采用替代刀具的备选计划方案。

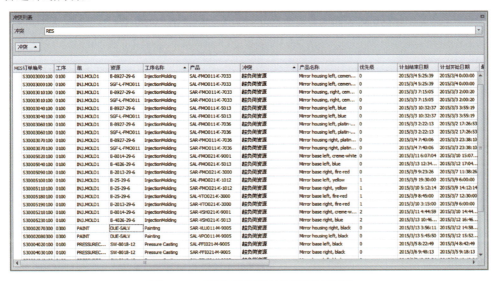

图 3.98　工具和资源引起的计划冲突表

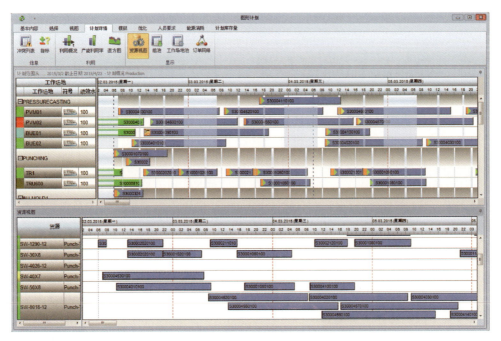

图 3.99　工序的详细作业计划甘特图（上部窗口）和工具及资源计划甘特图（下部窗口）

### 3.7.5　HYDRA-WRM 功能一览表

| HYDRA-WRM 功能 | 说　明 |
| --- | --- |
| 基础数据管理功能 | 工具和资源数据的配置和维护，包括库存地点和文档 |
| 工具和资源包 | 工具明细表的构造和资源的组合 |
| 采集和处理规则 | 针对组合工具和资源需求的专门功能 |
| 型腔管理 | 用于注塑成型设备的功能，可以采集和评估与型腔相关的数据 |
| 采集/信息查询功能 | 当需要进行维修保养时，在 BDE 终端上供操作工和调整员使用的可配置对话框（包括颜色提醒功能） |
| 实时概况 | 工具和资源详细数据的实时状态信息 |
| 维修保养日历 | 所有维修和保养活动的概况，包括保养时间间隔的信息提示 |
| 资源使用情况 | 对某个资源采集到的所有数据概况 |
| 资源历史记录 | 资源的整个生命周期历史纪录，是电子化工具记录的基础 |
| 维修保养任务 | 直接通过维修保养日历得到维修时间间隔，随后创建生成维修保养任务 |
| 资源占用计划 | 对生产指挥系统中详细计划的扩展功能 |
| 长期文档 | 工具和资源数据的长期档案文件 |
| 反馈通知 | 当识别到工具及资源达到预设状态时，自动触发向上反馈通知 |

## 3.8　DNC 和调整数据

生产过程的高度自动化在市场竞争中起着决定性作用。在现代化的生产车间中，利用计算机辅助的加工方法随处可见。这对于大量 NC 程序的管理以及实现在不同生产设备和控制系统间的 NC 数据传输提出了很高的要求。

HYDRA-DNC 模块（直接数控）可以满足对 NC 和调整数据的集中管理的各种各样需求。通过网络或数据接口，HYDRA-DNC 模块承担了来自机床及发送至机床的数据传输，保证了对加工程序或调整数据的快速调用。

DNC 模块和 HYDRA-BDE 相结合尤其更能够体现优势。NC 程序和调整数据将不再需要通过输入程序号传输，HYDRA 系统在任务登记时就自动识别所需的 NC 程序或调整参数，并且发送至设备所属的 BDE 终端上。这样就能把输入成本和程序下载过程中的错误减少到最低限度。

如果已经具备与机床设备控制系统的数据传输接口，那么这些接口可扩展用于 NC 数据传输。在 HYDRA 系统过程交互控制器（在 MDE 一节中有详细介绍）中提供了丰富的接口支持与机床和外部系统的相连。

## 3.8.1　典型的 DNC 工作流程

视已有的 IT 架构及 NC 管理系统的不同，NC 程序或调整参数将直接通过与被加工零件的关联存储于 HYDRA 系统服务器的缓冲内存中供调用，或者仅给出指向数据存储地址的超链接。负责工艺准备的人员可以在 MES 操作中心查看并处理这些数据，添加更多的信息（如输入评估信息）。例如，同一零件存在多个 NC 程序文件版本，可以用对比编辑器选择一个或多个 NC 程序文件投放下达。HYDRA-DNC 使用的典型工作流程如图 3.100 所示。

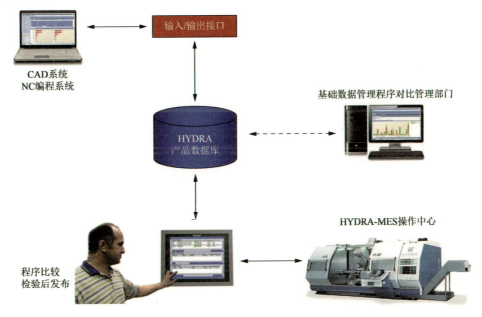

图 3.100　HYDRA-DNC 使用的典型工作流程

当调整员或设备操作人员在 BDE 终端登记一个加工订单时，会自动显示下达的 NC 数据。当然也可以通过直接输入程序号调用数据。若存在多个 NC 程序可供下载，则可以在 BDE 终端上用对比编辑器再次进行详细分析，以便选择最适合的数据。随后，操作工人就可以将选定的 NC 程序或调整参数发布开始自动传输过程。

通过对设备调整参数的优化往往会产生多个 NC 程序版本，为了在今后生产相同零件时便于区分选择，这时调整员或设备操作工可以在 BDE 终端上分别添加注释或属性信息，然后将优化后的程序存储至 HYDRA 系统数据库中。

## 3.8.2　NC 程序和调整数据的管理

NC 程序和调整数据一般是在专用 CAD 程序或者直接在设备上的首件样板加工

中生成的。因此 HYDRA 系统的一个重要任务就是在设备需要使用某一零件的 NC 数据之前将其从 CAD 系统或 NC 程序管理系统中接收过来。

HYDRA 系统采用一个企业集成服务功能与 CAD 系统（例如 UG，Edgecam 或同类软件）进行通信交互。该项服务基于源代码中包含的配置信息（例如零件编号、刀具号和机床设备编号）自动为 HYDRA-DNC 管理系统准备数据。控制信息也可以以控制文件的形式被接收。该项服务还能够将优化修改过的程序自动反向传输至 CAD 系统。

作为生产中的资源，对 NC 程序的操作与工具、生产资源或者加工辅助设备类似。对数控程序的输入、修改和删除等操作均与 HYDRA-WRM 中的表格和功能相同。因此，相关介绍参阅工具和资源管理（WRM）的相应章节。

当然，在基础数据中会存在一些专门针对 DNC 功能的特殊之处。例如，专门的文件操作规范（替换、最优化、外部接口等），或定义 DNC 族对各机床和设备适用性的配置表。以基础数据管理为例的资源族分配管理如图 3.101 所示。

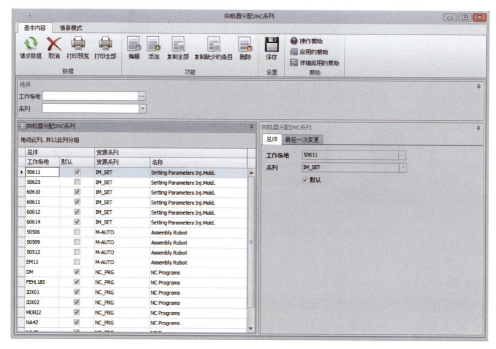

图 3.101　以基础数据管理为例的资源族分配管理

### 3.8.3　NC 程序监测

在资源一览表中显示了所有可用的 NC 程序和调整数据。除基础数据外，还显示程序的当前状态（已发布、禁用、新建及已优化等），如图 3.102 所示。

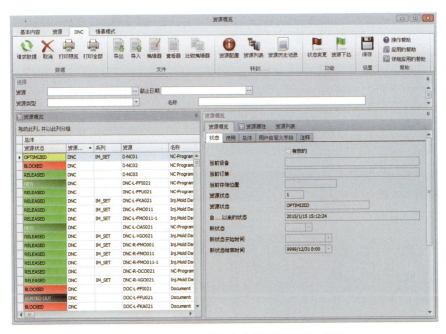

图 3.102　显示 NC 程序当前状态的资源一览表

以下介绍对比编辑器：

可以在装有 HYDRA-DNC 功能的 PC 工作站和 BDE 终端上，使用对比编辑器自动地对不同的 NC 程序进行比较（见图 3.103）。通过这种途径可以找出加工某个零件最适合的 NC 程序。

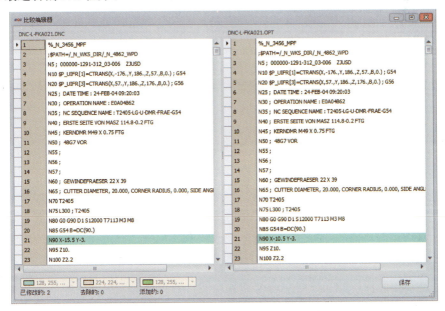

图 3.103　NC 程序和调整数据的对比编辑器

### 3.8.4 NC 程序的下载/上传

在大多数情况下,操作工或调整员在登记加工订单时就可以直接在 BDE 终端上进行 NC 程序和调整数据的下载。通过存储的 NC 属性,HYDRA 系统可以自动识别相关的数据,将其下载并显示在 BDE 终端上,如图 3.104 所示。当操作者需要额外的信息时, 可以通过浏览窗口查看整个 NC 程序,还可以调出显示所附文件(例如零件图、调整手册或类似文件)。

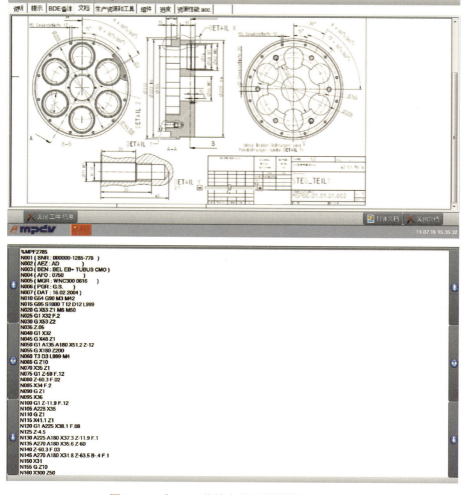

图 3.104  在 BDE 终端上显示零件图和 NC 程序

经过调控之后,NC 数据会通过加载功能传输到设备控制系统中。若在加工中通过优化改变了程序参数,则可以根据需要在 BDE 终端上对程序添加注释信息(见

图 3.105)，并将优化改动过的程序版本通过上传功能上传至 HYDRA 系统数据表中，以便为今后的应用进行存储管理。

图 3.105　调整员和操作人员可以直接在设备边的 BDE 终端上使用的 DNC 功能

## 3.8.5　HYDRA-DNC 功能一览表

| HYDRA-DNC 功能 | 说　　明 |
| --- | --- |
| 导入/导出 | 与 CAD 系统进行 NC 数据双向传输的接口界面 |
| 基础数据管理 | NC 程序和调整数据的配置和维护 |
| NC 程序包 | 通过零件清单关联多个 NC 程序 |

续表

| HYDRA-DNC 功能 | 说　明 |
|---|---|
| 实时概况 | 列表显示所有可用的 NC 程序，包含状态信息 |
| 程序下载 | 将 NC 程序和调整数据传输至 BDE 终端 |
| 调整手册显示 | 在 BDE 终端上显示调整手册等文档 |
| 对比编辑器和程序显示 | NC 程序的显示和包含对比功能的编辑器 |
| NC 程序传输 | 在 BDE 终端上将 NC 程序发布到设备控制系统中 |
| 接收、上传和储存 | 对设备控制系统中优化过的 NC 程序进行传输，包括管理功能 |
| NC 程序历史记录 | 对所有采集到的 NC 程序（历史过程）的完整记录 |

# 3.9　能源管理

## 3.9.1　能源管理的重要意义

近年来，天然气和电力的价格不断飙升。随着而来的企业需要承担的成本压力也越来越大。此外，环保政策的进展也要求工业界在能源方面做出改变。德国联邦政府已经颁布了相关的新法规，例如可再生能源法（EEG）或能源控制法。在这些法规中包含了针对制造企业在 EEG 税款分摊和能源电力方面的减税条款。因此，企业不得不节省能源开支及引入符合 DIN EN ISO 50001 标准的能源管理系统。

一个符合法规要求的能源管理（EMG）系统应该对企业降低能源消耗起到支持作用。图 3.106 展示的是企业中持续改进过程（KVP）的控制循环图。

图 3.106　持续改进过程控制循环图

由企业管理层确定的能源策略及其实施转化为生产提出了预定目标，通过对目标完成程度的定期审核及改进措施的引入起到了持续优化的作用，以改善能耗指标为目的的深入计划则构成了闭环调节回路。

## 3.9.2　HYDRA-MES 能源管理

为了能以合理的成本实现这一闭环调节，需要得到 IT 系统的支持。MES 系统为此提供了理想的平台，因为它已经拥有面向生产的基础架构（见图 3.107），除其他生产数据以外，也能够采集能源信息。一个集成化的 MES（例如 HYDRA 系统）将起到决定性作用，因为它能建立起能源消耗与生产过程中其他数据之间的关联关系，从而为我们提供与能源使用情况有关的关键信息。

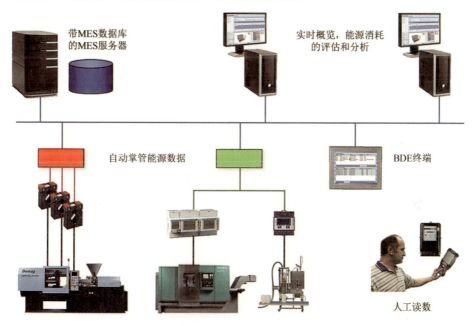

图 3.107　实现 HYDRA 能源管理的系统架构

## 3.9.3　能源数据的采集

在许多企业中，机床和生产设备已经配有能耗计，通过数据接口能够传输存储的能源消耗数据。对此 HYDRA 系统提供了相应的标准接口，例如 M-Bus，以建立系统与测量装置的通信连接。此外，还有一种相对简单和廉价的方式，即通过电流互感器或 S0 接口计算耗电量，然后通过外部组件将其传送到数据库中。再者，HYDRA-EMG 还具有手动采集功能，即通过移动终端按采集计划表读取能耗计的数据。

### 3.9.4　基础数据管理

为了能够在设备上采集能耗数据，必须对实物或虚拟能耗计及其结算规则进行定义（见图 3.108）。除电能测量装置外，还支持热能、水量和天然气测量装置。HYDRA-EMG 还提供一个能耗计管理系统，不仅能够自动接收数据，而且可以在数据采集计划和校正功能的支持下人工手动接收数据。

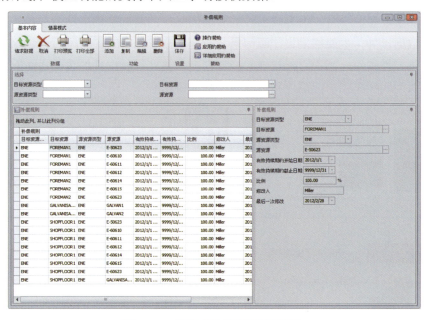

**图 3.108　能耗表和结算规则的设定**

通过能耗表在组织单元中的层次分配可以自由定义其结构，以作为能耗源头计算的依据，如图 3.109 所示。

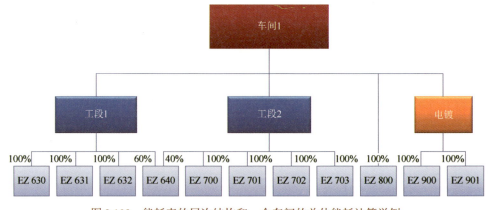

图 3.109　能耗表的层次结构和一个车间的总体能耗计算举例

## 3.9.5 能源数据监测

能源监测界面同时以表格和图形的形式展示了所有的实物和虚拟能耗表的当前测量值或计算能耗值，如图 3.110 所示。

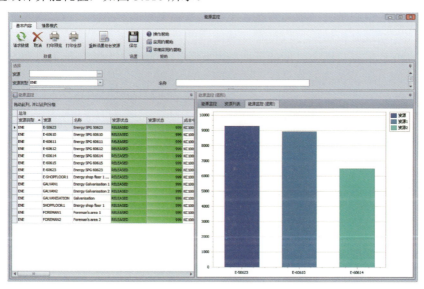

图 3.110 能源监测界面上显示的当前能耗值

为了能以更舒适清晰的形式显示能耗状况，可以使用图形化设备组功能（在HYDRA-MDE 部分已有详细介绍）。通过设备图标、能耗表图标及其他图形元素，可以显示诸如一个车间的布局，所有采集到的能耗数据一览无余，如图 3.111 所示。

图 3.111 借助图形化设备组清楚展示设备和装置及当前能耗表读数

### 3.9.6 能耗评估

对采集到的能耗值，按照设定的结算规则进一步处理，生成可个性化配置的分析评估报告展现给用户。所谓的能耗分析就是其中的一例，该分析以简单的方法对设备和装置或组织单元（成本中心、工段及车间等）的每小时、每日或每周的能耗进行对比。通过分析结果可以得知，从能源的角度加工某种零件应优先选择某台加工设备，或者根据持续上升的能耗曲线判断原因来自于不断加剧的刀具磨损现象。两台选定的电镀设备的能耗分析比较如图 3.112 所示。

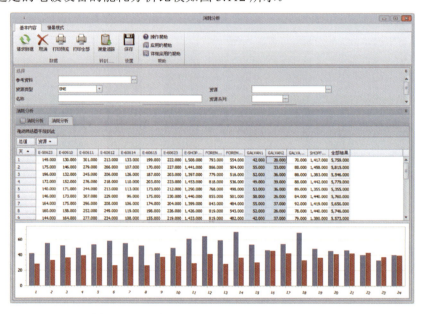

图 3.112 两台选定的电镀设备的能耗分析比较

在能耗计算中计算方法非常重要。对此可以对能耗表每月进行"抄表"然后清零（见图 3.113）。合计一栏显示的是上次清零后的累计值。对能耗的计算可以用报表形式调用和打印。此外，获取的数据也可以提交至财务计算系统或传递给统计程序。

对能源需求随时间变化的详细分析可以采取图形化过程分析方法，包括对极值边界的观察。对此整合资源的集成化观点对用户非常有利，通过引入其他变化曲线，例如工艺过程曲线或质量参数，可以得出对能耗的关联性结论。

这种分析功能尤其适用于那些有着高能耗需求的企业（这类企业会与供电部门签订特殊的能源供应合同）。而对于电力需求大于每年 100MW·h 的中等电力需求企业，为了确定收费标准，电力部门装有自动记录功率的测量装置。当负荷峰值到达某个特定的数值时，企业会被切换到一个新的收费标准中，这时相应的用电价格会升高。为了避免这种情况，系统可以设置负荷峰值预警，当负荷超出设定值时，将触发反馈通知。

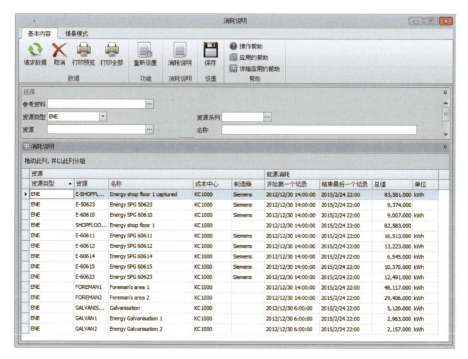

图 3.113　能耗计算，可以在设定好的时间节点上对能耗表进行置零

此外，系统还可以检查是否在每天或者每周的特定时间会出现高峰值。例如，在午间休息过后所有的设备都会同时启动，这时只需通过对高峰期的识别并采取对设备错时启动的针对性控制即可显著地降低能耗成本，如图 3.114 所示。

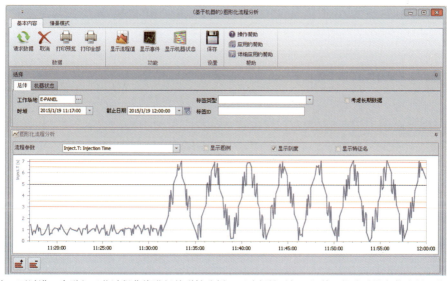

注：可以进一步引入工艺过程曲线进行关联性分析。可选择针对加工订单、批次或设备的分析评估。

图 3.114　具有峰值监测的图像化能耗分析

## 3.9.7　能源管理功能一览表

| 能源管理功能 | 说　　明 |
|---|---|
| 基础数据管理 | 对能耗表中的数据进行配置和维护，包括层次结构图和能耗值计算功能 |
| 能耗数据采集 | 能耗数据能够自动或手动进行采集，包括生产任务的记录 |
| 采集计划 | 用于支持在移动设备上进行人工数据采集 |
| 能源监测 | 当前能耗的图形及表格显示界面 |
| 参数指标的定义及其监测 | 对能效参数指标的定义及监测 |
| 反馈通知 | 当超过设定值或者极值时自动发出反馈预警通知 |
| 图形化能耗表布局图 | 设备和生产装置及所配能耗表的图形化显示界面 |
| 能耗分析和能耗趋势 | 在可选时间区间内以表格和图形方式详细显示能耗评估值 |
| 能耗统计 | 在设定的时间区间内对能耗进行累计 |
| 图形化的功率分析 | 对能耗与其他数据进行关联性评估分析 |
| 能耗图 | 能耗曲线趋势图用于识别负荷峰值 |
| 存档 | 用于储存长时间跨度的能源和功率数据，包括长期能源评估 |

# 第4章

# HYDRA 系统人力资源管理

## 4.1 概述

　　人力资源是一个重要的资源，在制造企业甚至可能是"最重要的资源"。生产中的人力资源能力必须根据工作量和工作资质进行灵活的计划和配置。如果给生产订单的时间安排精确到分钟，必要的工作人员在订单开始却没有到位的话，那么这并没有多大用处。只有通过 MES 联网生产，并且不仅仅把装置和设备、订单和质量，还把最优化的人力资源能力都整合在一起时，才能达到预期的使用效果。

　　在许多公司里，已经实现了日常的灵活工作时间和绩效工资计算，无论雇主还是雇员都可以从中获得益处。为了有效地实施灵活的计划，具有人才资源配置计划（PEP）、人员时间采集（PZE）、人员时间管理（PZW）和绩效工资确定（LLE）功能的高效系统是必不可少的。

　　除在 MES 系统里进行人力资源部门的无缝集成之外，人力资源管理之间的相互联系也同样很重要。需要避免人员基础数据的冗余管理，例如出勤时间和工资单时间采用手动匹配的成本是昂贵的。图 4.1 显示了"人力资源管理"为主题的每个模块之间的关系。

　　人员时间采集提供了构建人员时间管理（PZW）和人员配置计划（PEP）的基础数据。人员配置计划必须一直知道，哪些人在给定的时间出勤，可以分配到设备和工作地上。在另一方面，人员配置计划必须首先知晓真正的人员需求，这些需求是从 HYDRA 生产指挥系统或 MDE 的设备可视日历中给定的。

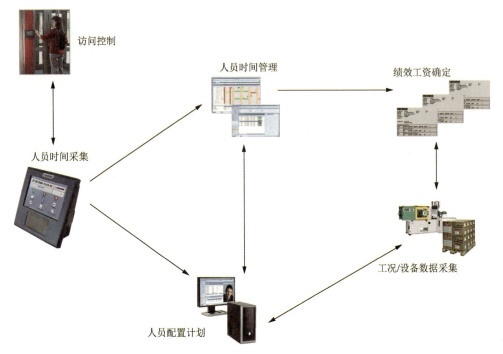

访问控制

人员时间管理

绩效工资确定

人员时间采集

工况/设备数据采集

人员配置计划

图 4.1　从人力资源管理的角度上 HYDRA-MES 系统模块链接

　　人员时间管理处理采集的来/去时间，与已存入的班次日历以及工资模型相比较。在时间管理模块里产生的数据传输到绩效工资计算模块里。根据奖励工资协议，还有从设备数据采集模块（MBE）里采集的数量和时间，以及工况数据采集模块（BDE）里预设的时间。

　　访问控制功能模块在这种情况下可当作能发挥作用的插件，它与人员时间采集模块（PZE）交换访问权限数据及实时数据。

# 4.2　人员时间采集

　　"人力"功能组从历史上看一直非常接近公司管理。如果在 MES 系统里构造生产人员信息，这将对生产过程中的人员配置和人员管理产生一系列有用的价值。

　　虽然一些人力资源系统中，上班/下班打卡和其时间管理之间没有区别，但是在 HYDRA 系统里分开考虑这两个模块。与此相关的一系列人力计算系统，例如 SAP HR 或 PAISY 系统，其本身拥有一个集成的时间管理。HYDRA 系统提供这样的解决方案组合，作为一个功能精简子系统，其中仅记录和保存上班和下班时间，例如，通过在 BDE 里使用终端获得这些数据，并且这些数据也许不再进一步处理。人员时间采集（PZE）和人员时间管理模块里有限的功能如图 4.2 所示。

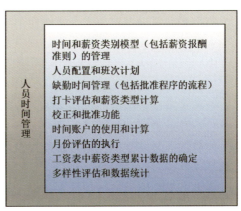

图 4.2 人员时间采集和人员时间管理模块里有限的功能

## 4.2.1 基础数据管理

在不同版本的即时间限制的人员基础数据中，所有员工的相关数据被存储下来，在 HYDRA 系统应用中被激活。从图 4.3 所示的人员基础数据页面中的右边区域可以看到，集成的 MES 系统不仅仅在后台存储了在人员时间采集模块里应用的数据，而且其他 HYDRA 应用模块必要的人员基础数据也在此加以集中维护。

图 4.3 所有员工的基础数据概览（表格的左面），也为所有 HYDRA
应用程序的详细显示（表格的右面）

每个企业可以自己决定，是否在 HYDRA 系统中设置和维护基础数据，或者由人力资源管理及薪资管理系统来处理。与常见的系统诸如 SAP HR、PAISY 系统、DATEV 系统及 P&I 等系统有相应的接口。

以下介绍人员基础数据页面：

在人员基础数据页面里还提供其他功能，例如插入和修改可选存储的照片，打印员工证件或者所谓的激活批量修改多个员工的基础数据，如图 4.3 所示。重要的是，所有的人员基础数据管理功能仅仅对授予权限的员工开放，所有对于数据的修改自然而然地被记录下来。

借助打卡权限用户可以原则上确定员工在哪一台终端上允许打卡（见图 4.4）。因此，除了安全方面的考虑，也可以在本地分配完成打卡过程。这样，当很多员工在班次开始的时候，进入工厂区域及在班次结束的时候离开工厂时，在入口处不会发生堵塞。

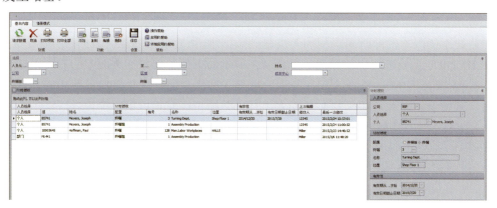

图 4.4　通过打卡权限定义员工上班/下班登录的终端或终端组

## 4.2.2　人员时间采集简介

员工在人员时间采集终端上进行打卡，这些终端被安装在企业里合适的位置上。此外，HYDRA@Web 提供了通过浏览器和互联网进行时间登录的可能性。

使用 HYDRA 系统时，可以选择不同生产厂商生产的不同设备的人员时间采集终端。为了鉴别员工证件或者钥匙链，可以通过通用的识别方法，例如 Barcode,LEGIC, MIFARE oder HITAG。MPDV 公司的 CT-382 终端如图 4.5 所示，它是一个基于个人计算机的人员时间采集终端，具有不同识别方法的证件阅读功能。

除记录上班/下班时间之外，还可以打卡记录休息或者早退及迟到（其他业务任务、看医生等）的原因。如果建立了一个无纸化的申请休假或者弹性工作时间的工作流程，员工就可以通过员工时间采集终端申请希望的缺勤时间。

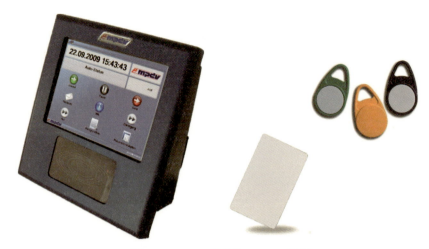

图 4.5　MPDV 公司的 CT-382 终端

　　HYDRA 时间采集模块除了提供采集功能，还可以在终端上显示员工的多种多样的信息（见图 4.6）。例如包括了显示员工的时间账户，其中包括了休假、弹性工作时间和机动工作时间等类似数据。这些数据内容可以被时间管理系统接收。当员工想要检查最近几天的打卡情况，他可以在终端上看到相应的列表。此外，员工的个人信息可以转交给人力资源管理者，他们可以无纸化地向员工提供后续的信息。一个典型的例子就是提醒必须提交一个税卡。

图 4.6　在人员时间采集终端上可配置的采集和信息窗口的典型例子

## 4.2.3　概览、维护功能和人员信息

　　在打卡的表格中执行的是所有员工通过手工打卡时间和系统自动记录的打卡时

间。如果滞后或者忘记了打卡，那么打卡的时间点可以编辑和修正。

删除和编辑的数据记录被保存和存档，这样原本的打卡数据记录仍然保留了，确保在滞后时间里可追溯，如图 4.7 所示。

图 4.7　所有采集的、滞后登录的和生成的时间记录概览（与打卡对应）

在打卡的归档文件里列出了所有的上班、下班、休息和缺勤的记录及其他细节（见图 4.8）。通过这个记录，可以识别在哪一个终端和相应的地点进行了时间记录。

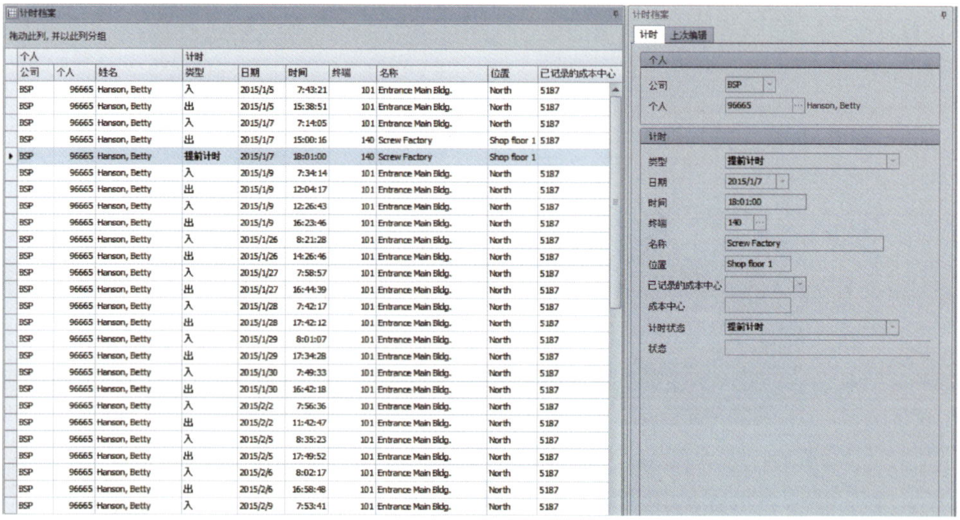

图 4.8　具有详细的附加信息的所有打卡情况显示

以下介绍出勤概览：

在出勤概览中列出了所有在人员时间采集模块中登录的人员。通过打卡系统可以容易地识别，是否及从何时开始一个员工的出勤或者是否未计划的或原计划的缺勤。在缺勤的情况下，可以显示更多的细节、原因（休假、生病和出差等）和缺勤预计结束时间，如图 4.9 所示。

这个概览特别适用以下情况：给在接待处、电话连线部门，或者公司其他中央部门的员工在线告知被访问的员工是否在岗。如果员工在不同的工作点，那么通过出勤概览可立即识别出该员工在哪里上岗。由此，寻找一个员工而浪费过多的时间已经成为了历史。

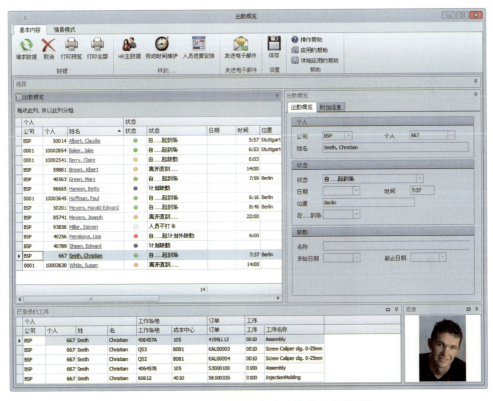

图 4.9　迅速了解哪些员工在岗或缺勤的出勤概览

除在 MES 运营操作中心（MOC）中的显示外，还提供了一个在 HYDRA@网页上基于浏览器的出勤概览，以及智能手机可调用的版本。因此，这个有价值的功能还可以在公司以外的地方使用，例如当员工出差的时候。

### 4.2.4　人员时间采集模块功能一览表

| 人员时间采集模块功能 | 说　明 |
| --- | --- |
| 人员基础数据管理 | 配置和维护人员基础数据及显示根据其他人力资源系统所接受的数据 |
| 打卡权限 | 确定允许哪个人在哪个终端上打卡 |
| 采集和信息功能 | 采集打卡信息、显示个人信息和消息的终端功能 |
| 打卡 | 显示具有维护功能的员工打卡信息，记录被删除的初始打卡信息 |
| 打卡归档 | 显示所有具有详细的额外信息的打卡数据 |
| 出勤概览 | 哪些人出勤或者缺勤的在线概览 |
| 纪念日列表 | 显示生日及公司纪念日信息的概览 |

# 4.3　人员时间管理

　　在人员时间管理（PZW）中，采集到的打卡时间与后台配置的时间模型相比较，并按已定义的结算准则来处理，在结果中生成与工资类别（基础工资、加班补贴及夜班补贴等）和时间形式（休假、加班、机动时间、弹性时间……）相对应的分配。这些解析出的数据在月底进一步传送到工资结算系统，如图 4.10 所示。

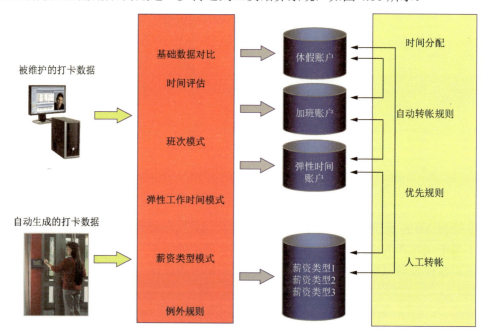

图 4.10　在人员时间管理模块中对打卡时间的进一步处理和评估

## 4.3.1　人员时间评估

为了在第一时间内评估上班/下班记录，HYDRA 系统提供了班次和弹性时间模型，其与日类型相对应。这代表了在公司里所有存在的工作时间协议，规定了工作开始时间、工作结束时间和休息时间。为了减轻工作及更好地概览，日类型紧接着归类到工作时间模型中，在极端情况下，它用于整年定期的工作时间，或者用于一个月的、一周的或者任意可定义时间段可变化的工作时间。

与此同时定义薪资类别模型，在时间模型上解析出来的时间比例可以对应相应的薪资类别，最终用于控制毛薪资结算。有关工作时间和薪酬模型与员工相关联如图 4.11 所示。

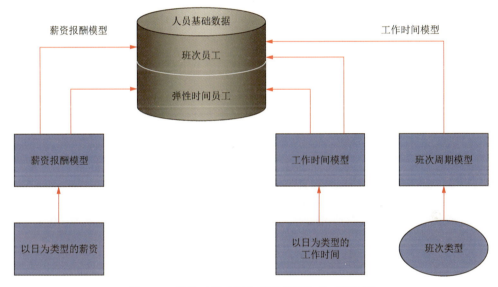

图 4.11　有关工作时间和薪酬模型与员工相关联

图 4.12 所示的例子可以说明不同的工作时间协议以日类型的形式存储。

由此，不需要对每个班次定义一个单独的模型，用户可以在班次周期模型中确定哪些班次类型（早班、晚班及夜班）对应具体的哪天，如图 4.13 所示。

### 1. 薪资报酬准则

薪资报酬准则存储在所谓的薪资报酬-日类型中，它表示了出勤时间、缺勤时间，以及加班和缺勤的结算。在这个基础上，人员时间管理模块可以自动记录已解析出的相应薪资类别的时间比例，如图 4.14。例如，时间模型计算出一个员工出勤 9.5 小时，在基础薪资类别中他正常工作时间是 8 个小时，额外的 1.5 小时对应的是加班工作的薪资类别，其加班补贴对应的比例为 25%。

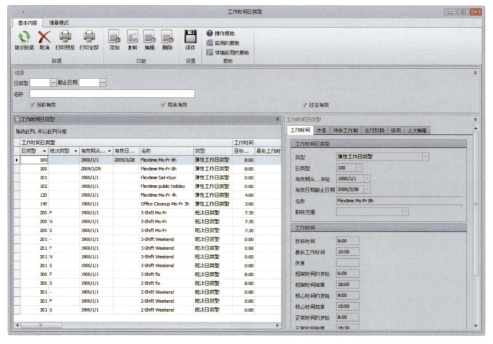

图 4.12　定义工作时间和休息时间的日类型表格

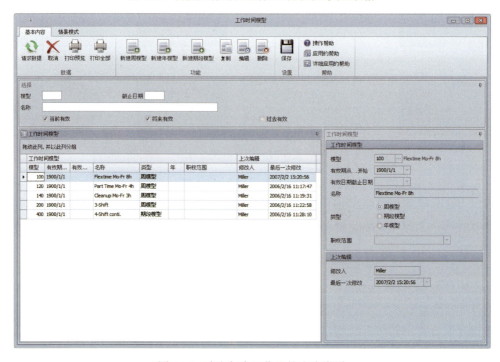

图 4.13　确定每个工作日的班次类型

图 4.14　薪资报酬准则给出了哪些时间属于哪个薪资类别

　　与工作时间模型相类似,薪资报酬准可以创建为周模型、月模型或者年度模型,所有对应的日类型在日历中清晰地显示出来。若要增加新的或者修正的内容,则可以很容易地通过那些易用的功能来实现。基于后台存储的节假日日历,所有非工作时间在薪资报酬模型中会自动地给出。日类型和年日历修改功能如图 4.15 所示,例如,周一至周四属于日类型模型 100,周五属于日类型 150,规定了缩短的班次时间。周末属于薪资报酬模型 101,规定了周末工作的报酬。

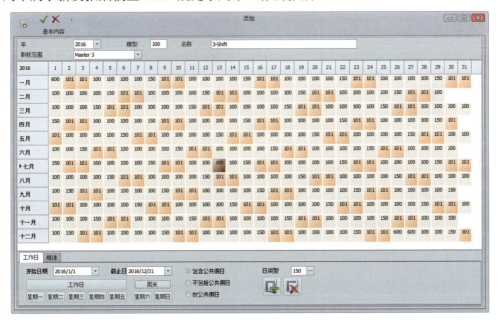

图 4.15　日类型和年日历修改功能示例

　　在许多企业里,存在可变的工作时间调节,这种灵活性也必须在人员时间管理系统中建立。HYDRA 系统提供了不同的可能性,使得模型结构能反应工作时间的短期变更。对此,个人的日类型允许被定义成仅仅对一个人及一个有限的时间期限有效。此外，个人的班次时间可以重新设定为一个员工仅仅一天例外规则的实际模型。

### 2. 时间账户

对于特别的时间诸如休假、弹性工作时间和灵活机动工作时间等，除了记录薪资类别，还建立单独的时间账户。在 HYDRA 系统中，可以创建最多 8 个账户包含相应的结算规则。员工可以随时在人员时间采集（PZE）终端上查阅其时间账户的实时状态，如图 4.16 所示。

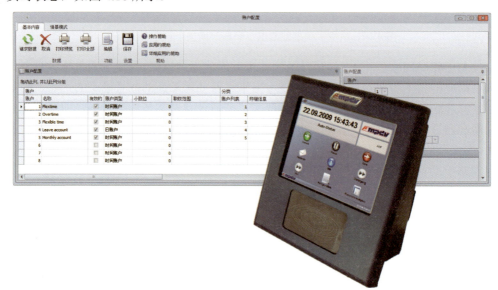

图 4.16　配置特殊的时间账户和在 PZE 终端上显示

## 4.3.2　工作时间和缺勤计划

为了容易地进行相应的员工的工作时间和缺勤时间计划，人员时间管理（PZW）提供了一系列有效功能。一方面，从班次日历及缺勤计划中导出的结果可视化，另一方面，用于简化及改善班次计划的评估。

以下介绍班次计划：

年度概览能清晰地展示所选人员的已被存储的某一天某一种班次类型，记录了其在过去哪天休息及缺勤，或者记录将来计划的工作和休假时间，如图 4.17 所示。

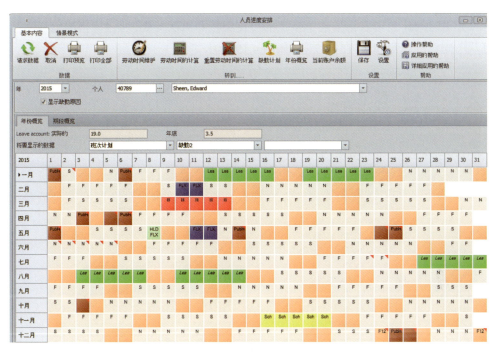

图 4.17　所选员工已计划的工作班次和缺勤时间的年度概览

时间区域概览给出了一组员工（如成本控制中心或者主管）班次计划的情况。在图 4.18 中展示了所计算出来的整个小组的班次强度。

图 4.18　班次计划概览和总体班次强度的说明

人员时间计划用表格描述了员工的可支配性和班次计划。通过表格的透视功能，可从不同角度观测和可视化数据，如图 4.19 所示。

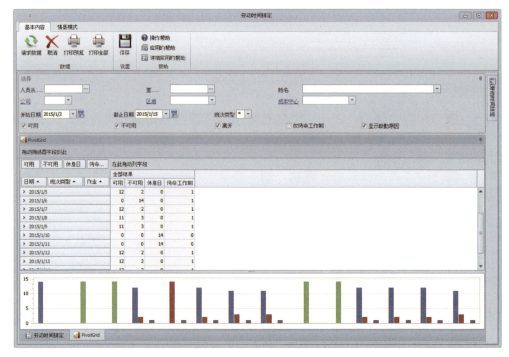

图 4.19　利用数据透视表格和柱状图显示班次计划

### 4.3.3　缺勤时间工作流程

在大部分的企业里，现今依旧使用手工方式填写休假申请，然后通过纸质文档，将上级的许可转交到人力资源部门，被许可的休假信息再用纸质返回到员工手中。在人员时间管理（PZW）及 HYDRA@网页里开发了完善的、有效的和无纸化的缺勤时间管理的工作流程。

如果一个员工申请休假或者弹性工作时间，他可以使用人员时间采集终端上已有的功能，或者他在浏览器中打开它的日历，输入期望的时间。上级领导或者他的代表自动地通过邮件获取一个通知，通知中包含缺勤申请及需要被许可的信息。许可的操作可以选择在 MES 运营操作中心（MOC）或者 HYDRA@网页中执行（见图 4.20）。当缺勤申请被许可之后，员工通过邮件或者在临近的打卡机的人员采集终端上获取消息。同时，数据被自动地记录到人事部门。

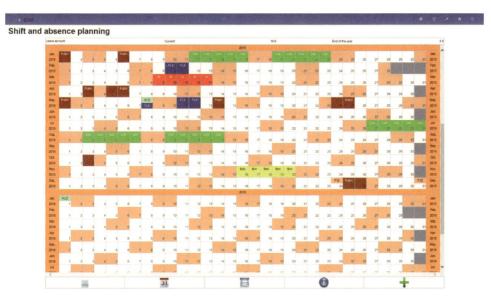

图 4.20　在 HYDRA@网页上通过选择年度日历里相关的日期申请缺勤时间

## 4.3.4　数据维护和评估

　　一般通过注册列表进入数据维护，在此将显示错误和异常的数据，例如离开企业时忘记打卡，如图 4.21 所示。

图 4.21　在注册表中异常信息的列表显示

通过人员时间维护，显示、修改、补充和删除被选人员在一段时间内的打卡和相关的详细信息（见图 4.22），例如计算出的时间和记录的薪资类别。

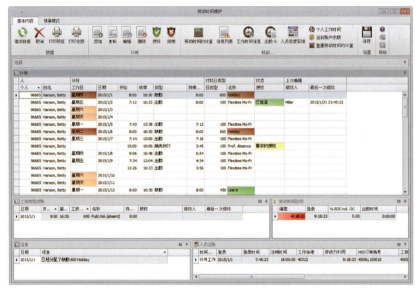

图 4.22　打卡数据和相关详细信息处理的可能性

在很多情况下，人员时间作为有价值的和敏感的数据来处理，特别是当修改和删除数据时候，必须格外地注意。如果有疑问，那么员工有权利要求出示修正证明。因此，在账户日志中，所选人员账户的修改都被记录和显示出来，如图 4.23 所示。

图 4.23　存储和列表显示所有时间账户的变化

月度结果列表给出了时间账户及其他数据，例如所选员工的出勤和缺勤情况，在月底以累积的方式显示，如图 4.24 所示。

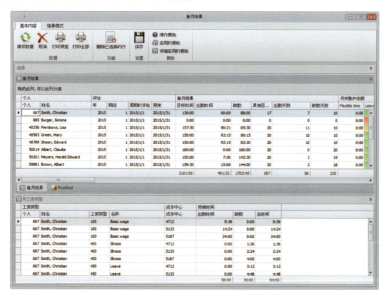

图 4.24　月底时间账户的状态和其他时间类型

以下介绍时间证明列表：

时间证明列表是个性化定制报告的结果，其包含了一个人本月所有的出勤和缺勤时间及其他记录的时间（见图 4.25）。此外，这个列表还展示了某个账户从月初到月底的状态。如果需要，它可以利用签名板打印出来，作为时间证明（见图 4.26）交付给员工。

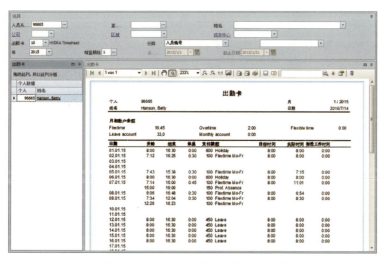

图 4.25　每月打卡和记录时间的概览

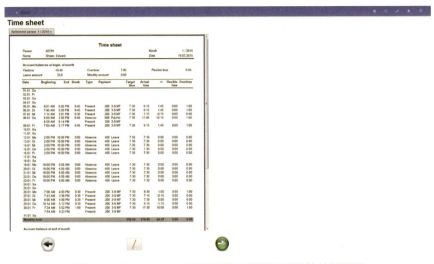

图 4.26　在 HYDRA@网页里基于浏览器显示的时间证明

## 4.3.5　个人时间和薪资类型统计

### 1. 个人时间统计

个人时间统计可按以下方式进行：以所选员工的不同目标时间和实际时间，作为可选时间段内的单值和总值比较，如图 4.27 所示。最后用柱状图表示出具有累积值的员工时间统计结果，如图 4.28 所示。

图 4.27　具有目标时间和实际时间比较的员工时间统计

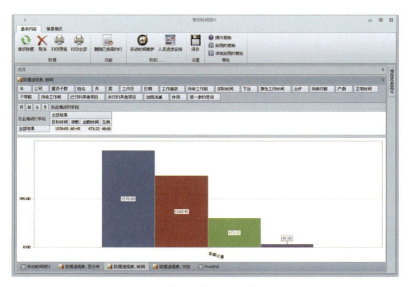

图 4.28　以柱状图表示的具有累积值的员工时间统计

## 2. 薪资类型统计

薪资类型统计是一种多用途的功能，除了每个薪资类型描述，还对薪资类型组的薪资类别进行了整体考虑，并解答很多问题。此类评估（见图 4.29）通过按钮展示，例如，相对于出勤天数有多少天缺勤，或者在部门或者整个企业里记录了多少小时的培训，以及上季度的患病率有多高。

图 4.29　基于薪资类型的具有高度表达能力的个性化定义的评估

### 4.3.6　人员时间管理功能一览表

| 人员时间管理功能 | 说　　明 |
| --- | --- |
| 工作时间模型 | 根据日模型打卡时间的匹配 |
| 薪酬准则 | 定义何种时间计入何种薪资类别 |
| 薪资模型 | 基于薪资类别的计算时间比例的映射 |
| 个人工作时间 | 在有限时间段内工作时间的个性化设定 |
| 节假日日历 | 节假日及休息日的确定 |
| 时间账户 | 管理个人的休假时间、弹性时间、机动时间和加班时间的账户 |
| 个人时间计划（一） | 计划的员工班次和缺勤时间的概览，包括班次强度的计算 |
| 个人时间计划（二） | 以表格形式表示员工可支配时间和班次计划 |
| 缺勤工作流 | 通过互联网或企业内部网的缺勤申请和批复 |
| 注册列表 | 显示异常和执行修正 |
| 个人时间维护 | 打卡记录处理和薪资类别记录的处理 |
| 账户日记账 | 记录个人账户变动 |
| 月度结果情况 | 显示月度计算的结果，例如账户情况或者出勤和缺勤时间 |
| 时间证明清单 | 含有月度打卡和记录时间的可设置的清单 |
| 时间证明档案 | 长期时间段的时间证明档案 |
| 账户计划 | 录入计划缺勤时间后的账户状态测算 |
| 个人时间统计 | 显示所选员工的应到时间、出勤和缺勤时间 |
| 薪资类别统计 | 薪资类别和薪资类别组的个性化可调节的统计 |

# 4.4　人员配置计划

在交货期越发缩短和订单处理越发灵活的情况下，客户提出价格合理和高质量产品的要求，这不仅使生产计划的制订增加困难，而且对于人员配置计划（PEP）也提出了明确的要求。过去只要在一个工作班次中安排足够数量的工人，而如今人员主管领班和师傅面临更高的工作要求。一方面，员工的意愿不再像过去一样，根据企业要求机械地增加工作时间。另一方面，这种高灵活性也增加了人员配置计划的复杂程度。利用手动的电磁板或连接器面板安排或运用 Excel 表格等一些传统的方法，分配工人操作设备，已不再满足班次计划的实际要求。

现代化的人员配置计划一方面根据待处理的订单或相应设备的需求，另一方面必须考虑真实的员工数量和素质，如图 4.30 所示。

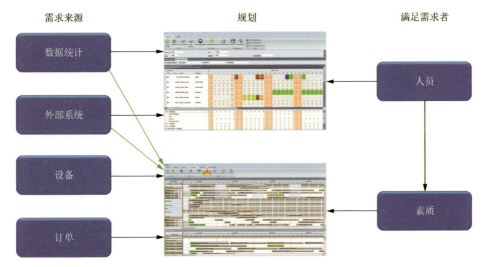

图 4.30　工作区域中所需和现有人力资源的人员配置计划

# 4.4.1　人员配置计划的管理功能

HYDRA 系统人员配置计划利用的是在员工时间采集和时间管理中已使用的人力资源基础数据。当这两个模块未投入使用时，就会在人员配置计划中建立一个独立的人力资源基础数据，并加以维护。

在某些情况下，根据需求向现有人力资源基础数据表格中补充额外的数据，例如员工的资质，这在利用现代设备和高质量的高度专业化生产中起着极其重要的作用。例如，当有设备操作资格证、焊接资格证或质量委托管理资格等一些个人资质添加到人力资源基础数据中时，人员配置计划便可以在对员工进行工作岗位和生产订单分配时，检验员工是否具备这些必要的资质。此外，在检验员工是否具有安全地设备操作的资质时，也要考虑人身安全保护。员工责任范围及相应资质的表格如图 4.31 所示，当员工职能资质通过新的检验方式被证实时，可规定一个有效期。资质的排列顺序给出了自动调度员工的优先权。

人员的可用性信息属于人员配置计划的绝对必要的基础数据。同样，在人力资源基础数据里，人员配置计划理想地获取班次模型和缺勤时间规划，这在 HYDRA 系统模式中用作员工时间采集和时间管理。在其与人员时间采集的签到制度共同作用下，可以使班次计划员不仅能获知哪个员工应该在工作，而且他们也可以知道实际上是谁在工作。

作为从班次模型里产生的计划数据可视化的工具，人员配置计划提供给班次计划员诸如年度概览、阶段性概览和员工时间计划等功能。这在员工时间管理那一章节中已经提到过。图 4.32 是之前未展示过的员工时间表的截屏信息，在员工时间表中罗列着每天所选时间内的所有选择的员工及其信息，从中可以清楚地显示员工被规划在哪一班次，或者缺勤时间是否被记入。

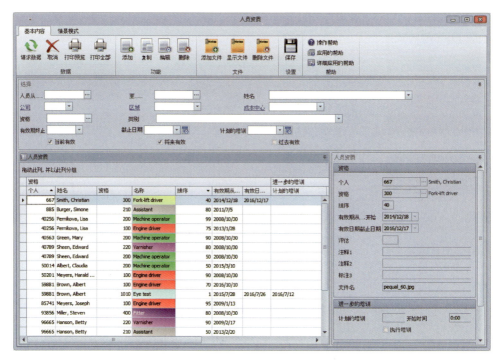

图 4.31　员工责任范围及相应资质的表格

图 4.32　在员工时间表中罗列着每天所选时间内的所有选择的员工及其信息

## 4.4.2　人员需求与人员配置的确定

要确定人员需求，有不同的方法，在制造企业中主要体现为两种形式。第一种形式适用于生产企业，一组机械的生产负荷均衡，在哪里至少需要临时人员布置和操作设备。班次计划员根据全班次能力（如 8 小时）或在设备操作中按比例的时间量（如 8 小时中的 2 小时）来分配员工到工作地。

### 1. 工作地配置

类似于生产指挥系统，HYDRA-PEP 利用甘特图（见图 4.33）作为人机工程学的操作界面。利用岗位配置功能将员工分配到各个设备及工作地。分配可以手动拖放鼠标操作或自动地完成。在自动分配时，根据在人力资源基础数据中确认的资质和员工可支配性，分配所有员工。

为了得到真实的大设备组的概览，可以在一定区域内根据计划责任设置不同的计划原则。

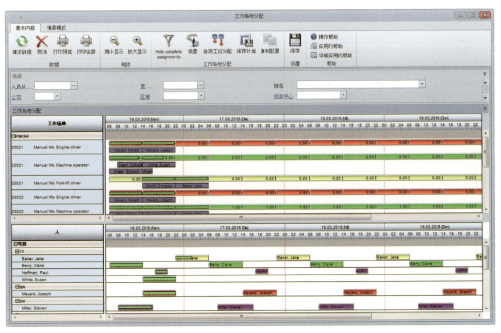

图 4.33　设备和工作地的人员分配甘特图

计划窗口的上方是工作地和具体所需的按资质顺序排列的员工。在此示例中，人员需求根据不同的条形颜色展示出来。当人员已经被分配时，已经覆盖的需求栏中显示为绿色，方框内附有员工姓名。

屏幕下方显示的是根据不同区域分组的可用和不可用的员工。在时间轴上可以清晰地看出那个员工在早班，晚班和夜班中工作。已经分配的员工在姓名栏中以绿色条纹的形式显示。更多信息可以通过工具栏（下方黄色窗口）展开。

在进行手动配置时，通过单击鼠标，在窗口中将与计划相关的数据显示给班次计划员，如图 4.34（a）所示。当配置中合理性测试出现错误时，会立刻显示出来，如图 4.34（b）所示。

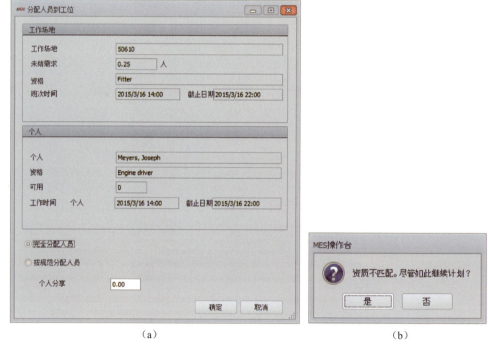

（a）　　　　　　　　　　　　　　　　　　（b）

图 4.34　详细信息和合理性检验结果窗口，此时确认所选人员不具备所要求的资质

## 2. 人员需求

确定人员需求的第二种方法适用于订单量波动很大的制造企业，例如，受季节性和客户方面的影响而产生的波动。此时，根据实际计划的加工工序所必需的人员需求，处理积压的订单，并以加载项的方式显示在 HYDRA 生产指挥系统甘特图里的计划表中。HYDRA 生产指挥系统中人员需求和人员可用性的比较如图 4.35 所示，绿色区域显示的是在这段时间内员工充足，黄色区域意味着有人员重叠，红色区域表示人员不足。这种描述仅限于单个资质。

图 4.35　HYDRA 生产指挥系统中人员需求和人员可用性的比较

## 4.4.3　人员配置计划的评估

除了上述图形显示工具，HYDRA-PEP 也提供表格形式的评估，例如挂在公告板上的员工信息。

人员配置计划显示哪些人在哪个班次被分配在哪些工作地及设备上。表格中也显示员工是否存在空闲及未分配工作的时间，如图 4.36 所示。

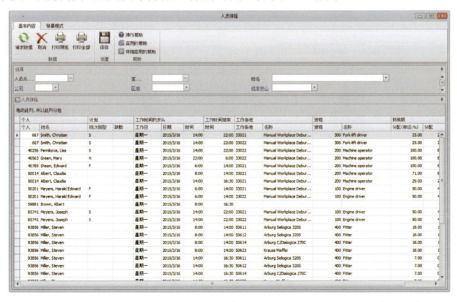

图 4.36　员工可以在人员配置计划上看到他们何时被分派到哪台设备上工作

### 4.4.4　人员配置计划功能一览表

| 人员配置计划功能 | 说　　明 |
|---|---|
| 资质 | 用于检查被分配的员工是否具有执行任务的必备资质 |
| 工作地上的人员需求 | 对单个设备和工作地上人员需求的定义 |
| 工作时间模式 | 定义员工可工作的班次时间 |
| 个人时间模式 | 定义作为替代标准时间模式的非正常工作时间 |
| 个人工作时间 | 个性设置限定时段内的工作时间 |
| 人员配置计划 | 计划的员工工作班次或缺工时间包括工作强度的计算的概览 |
| 个人时间计划 | 以表格形式显示的员工可支配性和班次计划 |
| 工作地配置 | 在甘特图中手动和自动地分配员工到设备和工作地 |
| 人员需求 | 在 HYDRA 生产指挥系统中人员需求和人员可支配性的比较 |
| 人员配置计划 | 哪个人员何时被分配到哪台设备上的信息表格 |

# 4.5　绩效工资确定

　　由于复杂的劳资框架协议和由此产生的处理工资相关数据的特殊规则，对绩效工资和奖金系统的灵活性提出了高要求。根据不同的配置选项，绩效工资确定（LLE）模型确立了不同的绩效工资形式，例如奖金（数量奖金、质量奖金、用途奖金、节约奖金和季度奖金），或绩效工资（计件工资、计时工资和非生产性费用工资）。

　　在绩效工资确定模块里，所有与工资相关的数据无纸化地以电子工资单的形式表示，这些工资单是从工况数据采集和设备数据模块的记录里产生的。对于处理不同的登记时间，绩效工资确定区分了不同种类的工资单，例如计件工资单、计时工资单或非生产性费用工资单。HYDRA 系统绩效工资确定的原理方法和功能如图 4.37 所示。

　　除计算算法外，绩效工资确定模块还提供了诸多功能，例如，根据不同标准评估和透明化显示数据。因此，计算结果可被随时追溯。各个员工获得自己当下的绩效信息，并可以通过个人的积极努力以改变酬金。由此，对员工动机和满意度也会产生积极影响。通过生产设备的充分利用和维护，以及改善质量和保证交货时间，可以取得其他的优势。利用评估为企业领导提供重要的指标信息。

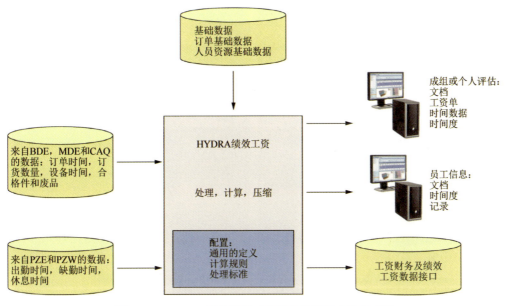

图 4.37　HYDRA 系统绩效工资确定的原理方法和功能

## 4.5.1　基础数据管理

绩效工资确定模块使用了人力资源基础数据和工资类型定义，这些在人员时间采集和管理中已经被应用了。在大多数情况下，只有通过补充更多的数据，才能成功地构造复杂的绩效工资和奖金模式。这些数据包括确定奖金指标、奖金组别、奖金因素或服务岗位。

在绩效工资确定模块中，构造了工资相关数据普遍和系统有效的处理和计算规则。例如，确定主要考虑哪种形式的工资单，或者将工作停止时间记录到哪种工资类型中。基础设置规定了数据处理的原理和工资类型的计算原则，如图 4.38 所示。图 4.38（a）定义了设备数据采集中的生产设备账户（BMK）的时间，2=由故障引起的中断，3=流程规定的中断，4=由操作人员引起的中断，这些将自动地以工资类型 4017 形式记录在内。

## 4.5.2　计算及评估功能

为满足个性化的及特殊的要求，根据绩效工资、奖金协议的复杂性，在绩效工资确定模块中可以使用不同的功能。最简单的情况是通过工资类型的确定（见图 4.39），建立一个法定的通用规则，它定义了在工资单里哪些时段适合使用哪种工资形式。

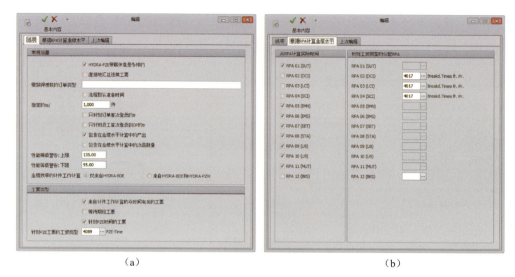

　　　　　（a）　　　　　　　　　　　　　　　　　（b）

图 4.38　基础设置规定了数据处理的原理和工资类型的计算原则

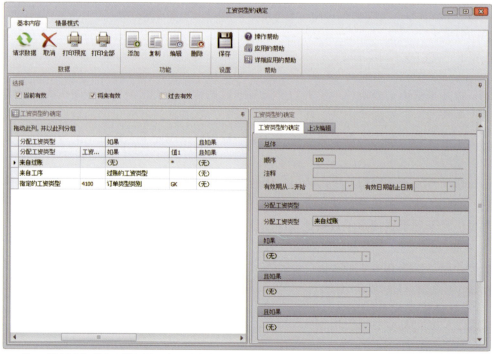

注：示例中标记的规则作用是，在非生产性费用订单中，时间记录（可设别的订单类型特殊指标）将自动归结为 4100 工资类型，同样适用于在工资单中已存在的工资类型。

图 4.39　绩效工资的确定界面

以下介绍基于公式的绩效工资：

为满足复杂的应用，绩效工资确定模块利用基于公式的绩效工具集，提供了一个强大的工具，它几何囊括了所有应用场合。基于一项简单易懂的脚本语言，定义了所要求的公式和计算规则。用户可以自己定义、修改和扩展，而无须用系统编程语言来实现。系统中自带许多计算规则的模板，用户可以直接使用或适用于个性化要求。所有工况数据采集模块记录的原始数据和已经通过标准处理测定的值，例如工资类型、周期、时间类型和时间单位都可以通过基于公式计算的绩效工资，进一步个性化处理。

　　图 4.40 显示了确定绩效工资的原理结构和以公式计算的绩效工资为依据的方法。个性化工资协定的数据库构成了一个"数据盆"，系统将由公司特定的计算公式而得出的结果分类归到这个"数据盆"里。

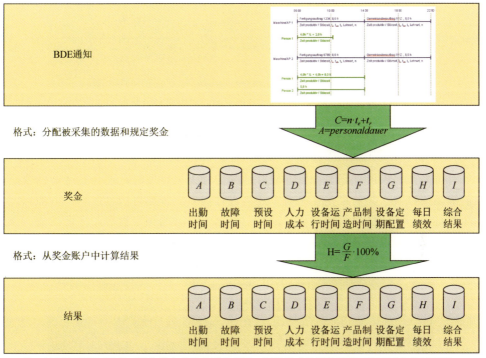

注：该图仅列举了绩效工资和奖金各种各样的变形，利用公式计算的绩效工资可映射这些变形。

图 4.40　原理结构和以公式计算的绩效工资为根据的方法

　　附加和折扣（见图 4.41）的分配也是典型的功能，这在大多数情况下是与绩效相关的工资协定所要求的。由低值材料、缺陷工具或由工人造成的机械故障通常不受影响，因此，测量的和在工资单中记录的附加绩效，通过主管根据相应的权限和理由向上汇报修正。例如，利用较快的设备加工，比预先规定值更快时，可向下调节修正参数，以获得实际的结果。

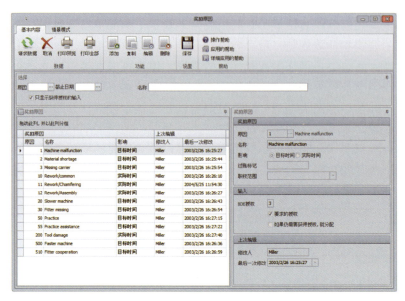

图 4.41　定义附加和折扣原因，其用于解释所测定绩效数据的变化原因

### 4.5.3　数据维护、概览和评估

有可能在工人遵守记账原则并较好地维护预先规定值时，还会发现原始数据记录的缺陷或错误，其后果是在系统里还需进行众多的数据可信度控制。例如忘记或不全的打卡，或者订单基础数据中缺少工件加工工时的预定值等。幸运的是，绩效工资确定模块可以在其引起错误的绩效工资计算之前，自动地识别这种缺陷。对此，程序提供一份注册列表，里面记录了所有异常情况，如图 4.42 所示。

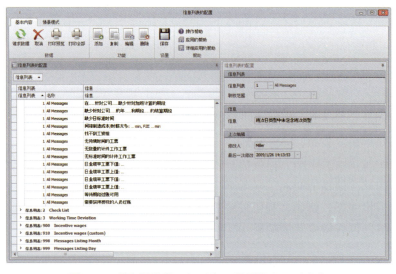

图 4.42　所有异常情况记录在可设置的注册列表中

　　当数据存在缺失或出错和未经授权而批准的数据记录时，注册列表的负责主管可直接调用原始数据的补充或校正的功能。通常设有人员时间维护或订单有关记录维护的界面，以便更改信息。如果需要更改有关人员信息时，从注册列表中就可直接写一封邮件给该人员或其主管。

　　文档列表显示了所有与绩效工资相关的工况数据采集记录，包括所有详细数据及规定的附加和折扣，在相应授权时用于控制和通知目的，如图 4.43 所示。

图 4.43　从工况数据采集记录中引用的文档概览

　　在工资单概览里罗列了所选时段所有员工的电子工资单。这项来自工况数据采集记录的工资单，是根据规定时间和实际时间单位来计算的。为得到每天工作结果，可使用"人员每天工作结果功能"累计一个人每天的工资单数据，生成的工资单、规定的附加、折扣和由人员时间管理得出的记录概览如图 4.44 所示。

图 4.44　生成的工资单、规定的附加、折扣和由人员时间管理得出的记录概览

## 4.5.4　奖金组的评定

在许多制造企业里，已不再存在针对个体的测算，而是首先引进了团队概念。因此，个性化的绩效评估和奖金计算在团队工作占主导的企业中已不再有意义。

工资确定模块提供了这样的可能性，即个人静态或动态地归属到奖金团队中。由此，也在绩效工资和奖金系统里建立了生产及团队评估的真实性。除了计算，工资确定模块还提供了有吸引力的图表评估，这很好地用于发布团队成果。

在团队日常成果的功能包里，合计了奖金团队每个工作日取得的绩效。通过数据透视功能的图表，几乎可以用任意的形式显示绩效，如图 4.45 所示。

图 4.45　所选团队两天内绩效对比的柱状图

同样，若要观察所选时段奖金团队绩效的发展情况，有相应的图表可供使用，如图 4.46 所示。

当需要关注月度评估时，利用团队月度绩效功能，可显示每月所选奖金团队的计算结果，如图 4.47 所示。

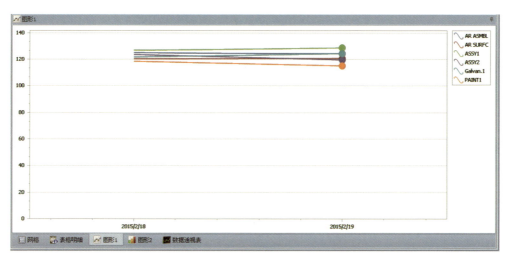

图 4.46　所选时段内奖金团队的绩效发展情况

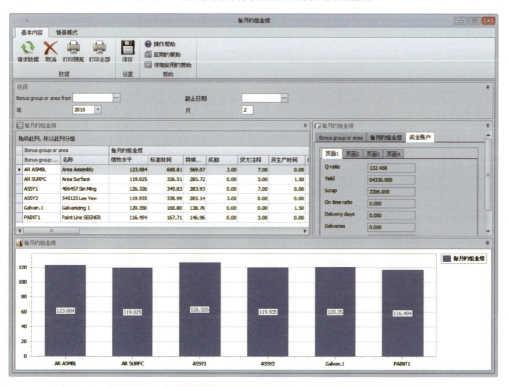

图 4.47　以表格和图形显示的不同奖金团队的月度结果

### 4.5.5 绩效工资的确定模块一览表

| 绩效工资的确定模块 | 说　明 |
| --- | --- |
| 工资类型规定 | 规定工资类型规则的定义 |
| 附加和折扣奖励原因 | 配置附加和折扣奖励原因 |
| 文档列表 | 有关个人的工况数据采集文档作为工资计算的数据库 |
| 注册列表 | 显示工资计算里的异常情况和提供修正提示 |
| 工资单 | 显示每人计算的工资单 |
| 员工单日绩效 | 员工每日工作绩效的一栏显示 |
| 奖金团队的基础数据 | 奖金团队基础数据的设置和维护 |
| 奖金团队归属 | 设备和工作地归属到奖金团队 |
| 奖金区域 | 为构建等级制的企业结构，将奖金团队归属到奖金区域 |
| 团队月度绩效 | 用表格和图形显示团队月度平均绩效 |
| 团队绩效发展 | 用图形和表格形式显示历史时段每天团队的绩效 |
| 个人相关的时间比例 | 在各自奖金团队中与员工相关的时间比例月度概览 |
| 基于公式计算的绩效工资 | 构建奖金和绩效工资复杂形式的高效工具 |

# 4.6　门禁系统

　　门禁系统（ZKS）是 MES 系统中不是十分必要的元素，它通常作为期望的或作为一个独立的解决方案。然而，通过详细观测人们发现，利用人员时间采集及时间管理功能中的人力资源基础数据和在访问控制时，仅须补充很少的额外数据，由此，与门禁系统产生了有趣的协同效应。如此可以避免成本昂贵和充满错误且多余的数据维护。

　　此外，在引入人员时间采集或工况数据采集时，构建一个具有网络连线、采集终端和验证系统的基础设施，这对于访问控制也是很有用的。

　　日益增强的安全意识和外部的压力，例如新的关税和安全措施（授权经济经营（AEO）认证），导致了越来越多的企业在企业区域的进出口和大楼内部的敏感区域不再使用传统的锁定装置，而是配备了现代的门禁系统。其不仅可以开启和锁定通道，而且还可以进行监测、处理警报和记录进入及人员试图进入的情况。

　　在 HYDRA 门禁系统的支持下，可实现一定量的员工只能在规定的时间和限定区域内获得进入许可，而其他员工可以随时或可能在周末进出所有区域。通过对进入和试图进入的记录，可在任何时间追溯谁在何时进入或试图进入公司区域。当出现干扰、蓄意破坏或未经批准进入等情况时，反馈管理系统就会触发警报。

　　图 4.48 阐明了 HYDRA 门禁系统的工作方法和相互作用的功能，随后详细介绍其重要几点。

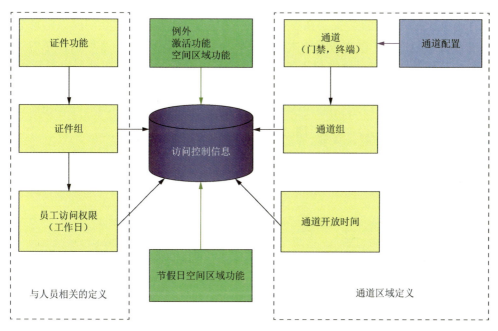

图 4.48　由在基础数据中存放的不同信息组合而得产生的员工访问权限

## 4.6.1　管理功能

利用进出访问功能管理所有通道，例如带有个性化配置的详细数据的小门和大门。其中包括所有组织性及技术性的数据，例如门被允许打开的最长开启时间、蓄意破坏情况发生时所要联系的人、待触发的警报和许多其他数据。所有已定义的进出口的表格如图 4.49 所示，其中包括其配置数据。改变配置时，新的数值会自动传输到终端。

图 4.49　所有定义的进出口的表格包括其配置数据，改变配置时，新的数值自动传输到终端

通过开启时段功能定义了在哪个日常时间段开启访问或何时访问应该记录下来，如图 4.50 所示。为了减少管理成本，开启时间可以保留在普遍有效时间模型内，由此与访问相关联。在日历中记入的节假日的特殊设置，将在时间模型中重新设置时间。

图 4.50 通过时间模型定义访问开启时段

利用证件功能来管理所有在系统里现存的证件，包括相关信息的替代证件和来访者证件，如图 4.51 所示。每个证件中的附加数据，例如时间上的有效期、锁定标记、PIN 码、出厂时间及其他信息等都被保存下来。

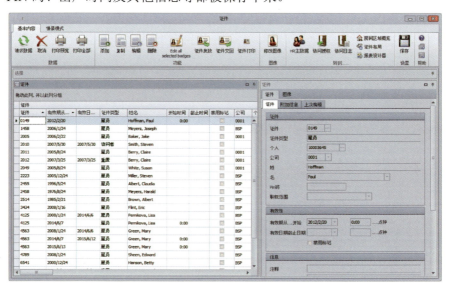

图 4.51 证件功能

以下介绍访问权限：

在访问权限中，规定了每个员工允许从哪个通道和哪个时间段通行的信息，如图 4.52 所示。为节省管理成本，使用所谓的访问配置文件（见图 4.53），其适用于员工整个团队（如所有工人、所有维修工程师和管理层的所有职工）。

| 证件 | | | 访问组 | | | 访问情景模式 | | | 访问时间模型 | | | |
|---|---|---|---|---|---|---|---|---|---|---|---|---|
| 日期 | 工卡号 | 个人 | 姓名 | 访问组 | 名称 | 位置 | 访问情景模式 | 名称 | 访问时间模型 | 名称 | 开始 | 结束 |
| 2015/2/11 | 0149 | 10003645 | Hoffman, Paul | 2 | Screw Factory | | 6 | IT-Department | 1 | 00.00am - 11.59pm | 0:00 | 24:00 |
| 2015/2/11 | 0149 | 10003645 | Hoffman, Paul | 2 | Screw Factory | | 999 | Basic Authorization | 4 | Worktime | 6:00 | 22:00 |
| 2015/2/11 | 0149 | 10003645 | Hoffman, Paul | 3 | IT-Department | | 6 | IT-Department | 1 | 00.00am - 11.59pm | 0:00 | 24:00 |
| 2015/2/11 | 0149 | 10003645 | Hoffman, Paul | 4 | Canteen | | 6 | IT-Department | 3 | Canteen | 11:00 | 14:00 |
| 2015/2/11 | 0149 | 10003645 | Hoffman, Paul | 4 | Canteen | | 6 | IT-Department | 3 | Canteen | 17:00 | 19:00 |
| 2015/2/11 | 2005 | 10002854 | Baker, Jake | 2 | Screw Factory | | 4 | Parttime Assistants | 5 | 10 am - 04 pm | 10:00 | 16:00 |
| 2015/2/11 | 2005 | 10002854 | Baker, Jake | 4 | Canteen | | 4 | Parttime Assistants | 3 | Canteen | 11:00 | 14:00 |
| 2015/2/11 | 2005 | 10002854 | Baker, Jake | 4 | Canteen | | 4 | Parttime Assistants | 3 | Canteen | 17:00 | 19:00 |
| 2015/2/11 | 2011 | 10002541 | Berry, Claire | 2 | Screw Factory | | 5 | Boss | 1 | 00.00am - 11.59pm | 0:00 | 24:00 |
| 2015/2/11 | 2011 | 10002541 | Berry, Claire | 3 | IT-Department | | 5 | Boss | 1 | 00.00am - 11.59pm | 0:00 | 24:00 |
| 2015/2/11 | 2011 | 10002541 | Berry, Claire | 4 | Canteen | | 5 | Boss | 1 | 00.00am - 11.59pm | 0:00 | 24:00 |
| 2015/2/11 | 2223 | 93856 | Miller, Steven | 2 | Screw Factory | | 6 | IT-Department | 1 | 00.00am - 11.59pm | 0:00 | 24:00 |
| 2015/2/11 | 2223 | 93856 | Miller, Steven | 3 | IT-Department | | 6 | IT-Department | 1 | 00.00am - 11.59pm | 0:00 | 24:00 |
| 2015/2/11 | 2223 | 93856 | Miller, Steven | 4 | Canteen | | 6 | IT-Department | 3 | Canteen | 11:00 | 14:00 |
| 2015/2/11 | 2223 | 93856 | Miller, Steven | 4 | Canteen | | 6 | IT-Department | 3 | Canteen | 17:00 | 19:00 |
| 2015/2/11 | 2455 | 50014 | Albert, Claudia | 2 | Screw Factory | | 4 | Parttime Assistants | 5 | 10 am - 04 pm | 10:00 | 16:00 |
| 2015/2/11 | 2455 | 50014 | Albert, Claudia | 4 | Canteen | | 4 | Parttime Assistants | 3 | Canteen | 11:00 | 14:00 |
| 2015/2/11 | 2455 | 50014 | Albert, Claudia | 4 | Canteen | | 4 | Parttime Assistants | 3 | Canteen | 17:00 | 19:00 |
| 2015/2/11 | 2458 | 50201 | Meyers, Harald | 2 | Screw Factory | | 5 | Boss | 1 | 00.00am - 11.59pm | 0:00 | 24:00 |

图 4.52　表格显示了每个人规定的访问权限

图 4.53　与工作活动或工作区域相关的访问配置文件有助于降低管理成本

## 4.6.2　实时概览和信息

在企业中引进访问控制系统后会出现特殊的效果，其首先是用于安全和工作保护。入口状态的实时信息在此有助于立即识别危险情况，例如，能立即识别是否经常处于开启的状态或无访问权限的人试图进入的情况，并采取相应措施。

能进行个性化配置的安全指挥中心展示了所有通道和在企业里安装的通道控制终端（见图 4.54），通过它，人们可以立刻了解通道位于何处和处于何种状态。

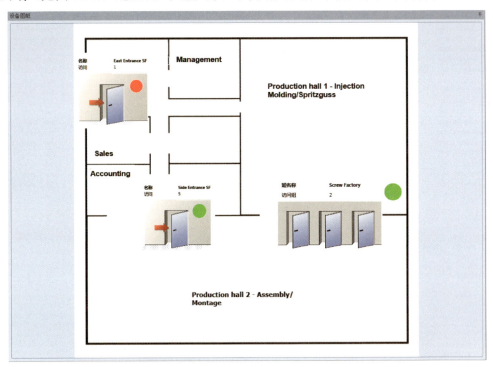

图 4.54　尤其在建筑物相对分散的大型企业中，借助安全指挥中心可以快速概览进出口的实时状态

利用通道状及实时警报和干扰的功能，以表格的形式提供相同的信息。

## 4.6.3　访问控制的评估

访问记录显示了可选时段所有的进入、试图进入和通道长时间开启的情况，如图 4.55 所示。

借助警报和干扰功能可以很方便地掌握哪些进出口状态与警报或干扰类别相关联。具有所有警报、干扰和其他详细信息的表格如图 4.56 所示。

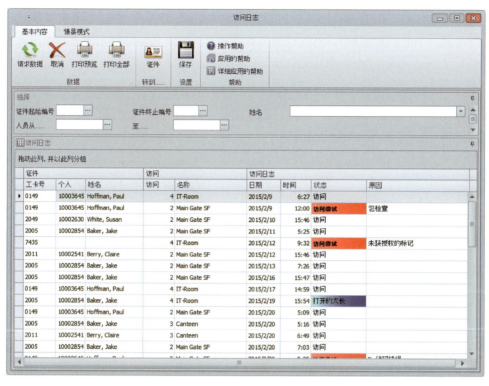

图 4.55　所有进入及试图进入情况的记录

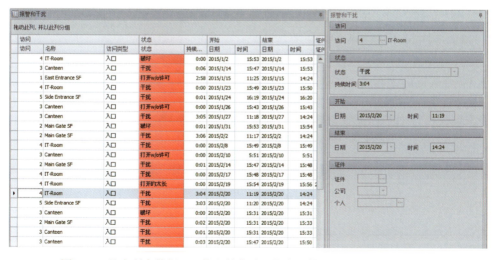

图 4.56　具有所有警报、干扰和其他详细信息表格（从中可识别其原因）

## 4.6.4　特殊的访问控制功能

此类应用可满足访问控制的特殊要求，因此，通常不是每个企业都会使用，例如空间区域功能。借助该功能人们可以控制某一空间内的一定数量的人员（例如一个楼层或一个实验室区域）。当到达最大数量时，下一个人会被阻止进入，如图 4.57 所示。

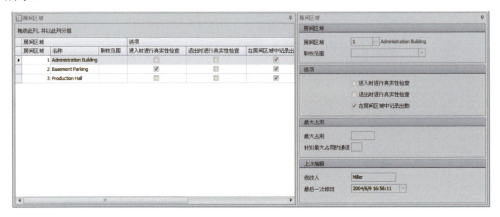

图 4.57 空间区域的定义，包括监测的详细细节

作于空间监测的结果会显示在空间概览里，它在需疏散人群的危险情况下特别有用，因为人们可以一眼看到，多少人和哪些人在事发区域内，如图 4.58 所示。

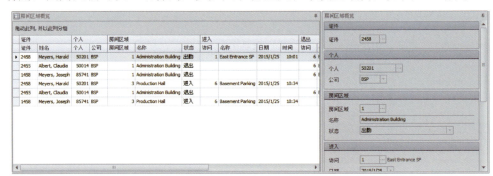

图 4.58 在紧急情况时具有非常重要信息的空间概览

此类别中还有电梯和水闸的控制及人员控制等其他功能，以实现功能的完整性。

## 4.6.5 门禁系统功能一览表

| 门禁系统功能 | 说　明 |
| --- | --- |
| 通道 | 基于组织和技术考量的通道配置 |
| 通道组 | 具有相同设置和权限的通道组合 |
| 时间模型 | 定义通常有效的访问时间 |
| 开启时间 | 通过时间模型确定通道开启时间 |
| 节假日日历 | 定义节假日的非正常访问权限 |

续表

| 门禁系统功能 | 说　明 |
|---|---|
| 证件 | 管理员工和访问者的证件及替代型证件 |
| 访问权限 | 定义哪些员工在哪个通道和哪个时段允许访问 |
| 访问配置文件 | 根据工作活动或者工作区域的访问权限分组 |
| 安全指挥中心 | 以图形表示所有通道包括警报和干扰情况 |
| 访问记录 | 记录所有进入及试图进入情况的列表 |
| 警报和干扰 | 在所选时段所有登记了的警报和干扰情况的表格 |
| 访问权限历史 | 记录访问权限里所有更改的情况 |
| 空间区域和空间区域概览 | 空间监测和空间内人员的实时概览 |
| 人员检查 | 员工离开企业区域时接受随机检查的可配置的随机机制 |
| 警报系统 | 　在未授权开启、长时间开启的通道及在遭到破坏或因部件技术故障等情况而引起的警报触发 |

# 第 5 章

# HYDRA 系统的质量控制

## 5.1 概述

近几年来，对质量控制的要求在持续提升。质量控制不仅仅是指提供给客户的产品达到了所要求的质量，还包括持续不断地监测和改善整个工艺过程质量。如今，制造企业只有通过构造以质量改善为目的的控制回路，才能从经济的角度合理地降低质量控制和缺陷控制的成本。

HYDRA 系统作为集成化的 MES 系统，具有丰富的功能，利用这些功能可以采集和评估从进料到成品整个价值链的产品和生产过程数据。通过采集和评估数据，可以辨认生产过程中存在的故障，确定故障产生的原因，确定排除故障需要采取的措施，以及控制采取措施后的产品和生产过程质量。由此，HYDRA 系统提供这样一个控制回路，能持续不断地改善生产过程；此外，它还可以及时对质量问题和故障做出响应。在此，不仅仅使用了计算机辅助质量控制（HYDRA-CAQ）功能，例如：

- 使用 SPC（统计过程控制）进行生产检验、发货检验、首样件检验和生产控制计划。
- 进货检验。
- 投诉管理。
- 检验设备管理。

还使用了一些其他 HYDRA 应用功能，例如跟踪/追溯控制、设备数据或者生产过程数据处理，为用户提供通过数据库跨系统地获取无缝采集的并以电子数据方式存储的生产和检验数据。

在正确使用 HYDRA-CAQ 功能时，它可以十分有效地帮助制造业企业去满足一些通用的质量标准，例如在 ISO 9001, TS 16949, FDA CFR 21 Part 11 或其他标准中定义的质量标准。

如今，在很多企业里，质量控制还被视为与生产管理分开运行的独立生产过程。

因此，人们不得不忍受，例如，这两个分开运行的系统，在进行工况数据采集和生产检验时，分别使用它们各自的基础设施、不同的用户界面和冗余的数据维护。为了实现整体监测，来自这两个系统的数据必须通过接口进行整合，但这往往会导致同步问题和数据不一致的现象。

与此相反，MES 系统如 HYDRA 系统，无缝地嵌入了 CAQ 功能，为用户提供了极大的便利。例如，在生产订单的计划阶段就可以进行检查，待加工的产品是否已经具备了一个检验计划，由此就可以自动生成检验要求。当工人在他的工位上登录一个工序时，同时显示出相关的检验要求，包括所有相关的检验步骤。在工人自查阶段，根据随后检验步骤，在工况数据采集终端上引导操作员。这样，根据在数据库里采集的零件个数和加工时间自动地确定采样间隔，同时显示检验日期。当在检验要求中定义了动态规则时，并且这些动态规则在 HYDRA-CAQ 中是以延长检验间隔的形式自动考虑的，便可以实现一些附加的合理化效果，从而达到节约成本的目的。

当在生产过程中在 BDE 终端上直接进行属性测试时，通过对正品和废品的在线区分，使数量测定达到了一个全新的质量水平。如果还采集到其他产生废品的原因信息，那就可以与那些在质量控制部门已经使用过的故障原因评估结果相关联，实时地启动避免废品产生的措施。

对于产品跟踪和产品文档，这种集成化思想也起到了积极的作用。在跟踪/追溯（HYDRA-TRT）中采集的批量和批次信息，自然可以在 CAQ 功能里用于生产单元的识别和评估的选择。

图 5.1 展示了一个全集成化和"相互咬合的"生产和质量检验流程的实例。

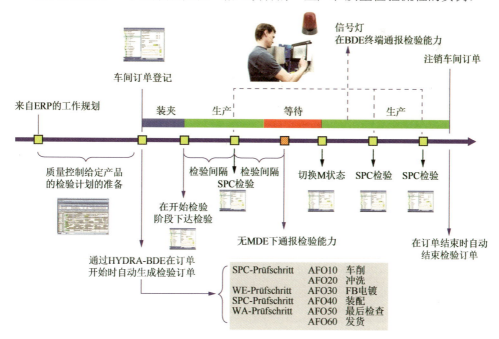

图 5.1　利用 HYDRA-CAQ 功能有效地支持工人自我检查

# 5.2 跨域功能

当用户建立基于跨部门系统时，引入及使用 HYDRA-CAQ 应用时，就会感受到它的优势。

### 1. 质量保证通用的基础数据

首先，建立企业所有必要的基本信息，例如故障类型、故障位置、故障原因、排除故障的措施或者成本类型。其次，也可以在 CAQ 内使用所有来自其他 HYDRA 模块的基础数据，例如单元、工作场地、设备、产生废品的原因、成本类型或者人员。来自所有 CAQ 应用的故障原因和措施表如图 5.2 所示，用于所有部门引入的故障类型表如图 5.3 所示。

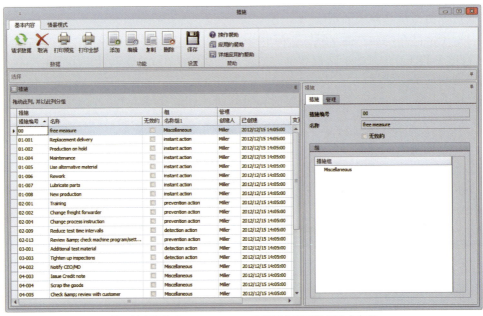

注：该表作为在 HYDRA-CAQ 中常用的基础数据建立实例

图 5.2　来自所有 CAQ 应用的故障原因和措施表

用户可以决定，哪些数据可以在哪些工作场地或者在哪些 CAQ 评估中具体地使用。这样在后续处理步骤里，他将基础数据中的相关子集，按照产品、产品组、检验特性或者检验计划归类处理，如图 5.4 所示。

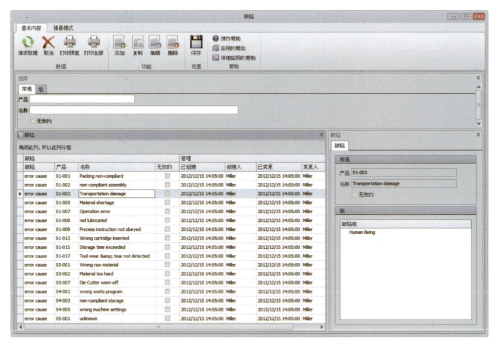

图 5.3　用于所有部门引入的故障类型表

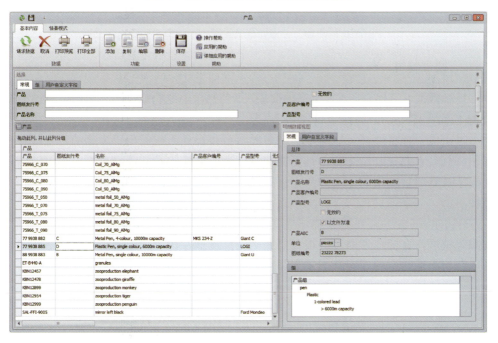

图 5.4　在基础数据中定义产品如何在 HYDRA-CAQ 应用中被处理

通过将产品分类成组，使用 HYDRA-CAQ 工作时达到合理化效果。拥有产品组（见图 5.5）是使用成组检验计划和基于成组数据库统计评估的前提。

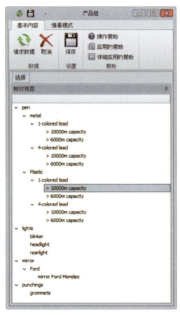

注：在此例中考虑了任意多个层次结构

图 5.5　以结构树的形式直观地说明哪些产品应该归为哪个产品组

## 2. 检查特性

基础数据中另外一个重要类型构造是列于特性目录中的检验特性，所有 HYDRA-CAQ 应用程序可以访问这个目录。

对于每一种特性都可以赋予它们多种参数和特点，它们用于后续的质量检验和评估。例如，它们控制这个特性是否在变量或者属性检验及故障日志表中加以评估。如果涉及普遍且通用的、与产品无关的量，那么，在此可以给出目标值、公差和工艺极限值。

HYDRA-CAQ 还可以将描述性文件，例如图样、检验草图和指南，或者照片、视频等特性，直接或者通过链接存储到相应位置上。在后续检验过程中，这些信息可以在检验场地或者工况数据采集终端上展示出来。用于定义检验特性具有数据字段的表格如图 5.6 所示。

## 3. 检验计划

在检验计划阶段，所有对即将生产的产品十分重要的基础数据都整合到一个检验计划中。通过这一方法，不同版本的计划，即具有时间限制的检验计划，可以与检验要求或者检验步骤一样加以生成、修改和维护。

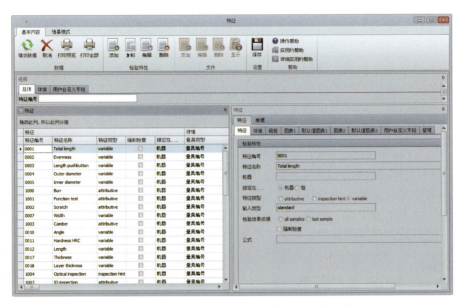

图 5.6　用于定义检验特性具有数据字段的表格

此外，在检验计划中，利用所有必要的细节将待检验的特性描述出来（见图 5.7）。这其中包括特性类型（属性的或者变量的）、目标值、公差和干涉极限、取样计划、待使用的检验工具和相关文件诸如图样、照片、视频或者笔记。此外，如果测量结果的值无法直接推导出来，而是通过公式或者特性相关性计算得出的，那么也可以定义计算算法。

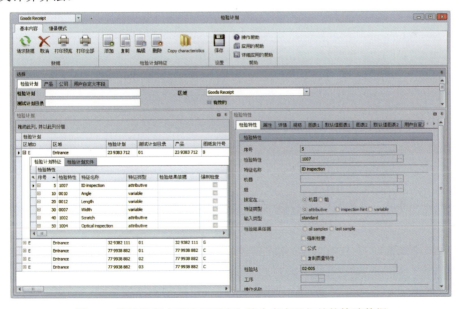

图 5.7　检验计划中整合了所有与待生产产品相关的检验数据

检验计划中还可以包含一些其他预设值，例如，当到达某一个设备状态，或者发生批次更改，或者到达时间和产量区间时检验间隔时会发出检验信号。

为了降低建立和维护的成本，也可以使用所谓的族或者成组检验计划。在此，拥有相似特性描述的产品被整合到族检验计划中。

对于塑料加工者，还可以使用一种以型腔的检验计划形式的特殊功能。在这个功能中，不仅仅对整个工具建立检验特性，还对每一个型腔个性化地建立检验特性。

### 4. 检验要求

属于检验计划的一些功能，例如，来自于检验计划的检验功能，包含多个检验步骤的检验要求被生成、批准、取消和结束。这些检验步骤直接与加工订单、工序及待生产产品有直接的联系，如图 5.8 所示。

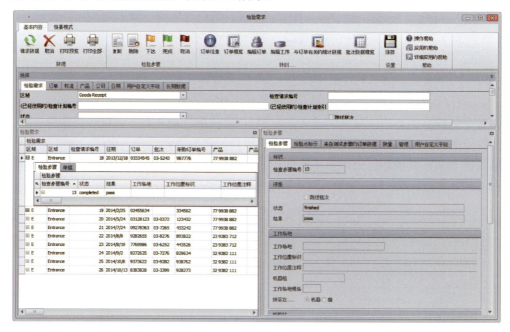

图 5.8 从检验计划中生成具有检验步骤的具体检验要求，该检验步骤由负责的员工来处理

# 5.3 生产过程检验

生产检验模块是 HYDRA-CAQ 中的核心元素。当它与其他 HYDRA 应用程序相关联时，能产生最大的应用效果和节约潜力。生产过程检验（FEP）数据的"采集和信息功能"及统计过程控制（SPC），例如工况数据采集（BDE）和设备数据采集（MDE），它们在相同的个人计算机上使用类似的操作对话窗口。这样就不需要

独立的检验场地，避免了移动时间，能够完整地观察生产过程。

　　由于任务领域的相似性，在生产检验（HYDRA-FEP）应用程序也承担了发货检验、首样件检验和生产控制计划的任务。

## 5.3.1　生产检验计划

　　如果从生产计划的角度来批准一份生产订单，那么在检查加工准备时，需要检查是否已经具备与待生产产品相符的检验计划。如果具备，就要创建相对于加工计划的检验要求和带有具体检验步骤的检验订单。如果工人在工况数据采集终端上登记了一个工序，他就直接得到这个工序的检验订单，在这份检验订单里显示了所有细节和即将进行的检验步骤。

　　通常只有在生产检验时遇到应用的特殊情况才建立和考虑检验点。例如，当达到取样间隔（检验时刻）时产生检验点，在工况数据采集终端（BDE）上给生产过程中的工人发出信号。生产过程和质量检验之间的逻辑关系如图 5.9 所示。

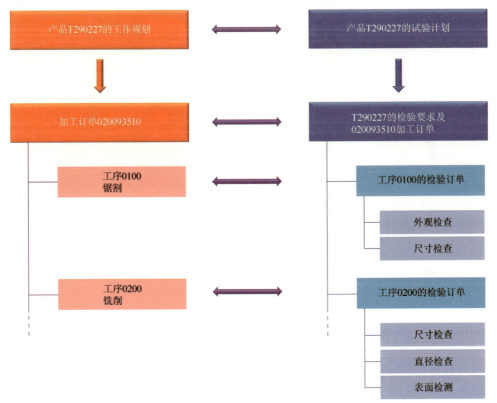

图 5.9　生产过程和质量检验之间的逻辑关系

通过系统支持的生产和质量检验的关系，自动地建立所采集数据的相互关系。当在生产控制中必须跟踪与质量相关事件的订单时，这些数据的相互关系又是很有用的。此外，通过加工订单和工序的选择，能很容易地评估质量数据。

## 5.3.2　检验数据采集

HYDRA-CAQ 是与工况数据采集结合使用还是作为单独的解决方案使用，工人或者检验员可以利用登记生产订单，自动地调用检验要求，或是通过在工况数据采集终端及检验位置上的检验要求编号调用检验要求。它与纸质版的质量数据采集完全不同，工人需要的所有信息都以电子版的形式显示出来。在工况数据采集终端上"采集和信息面板"（AIP）的用户界面如图 5.10 所示，该界面不仅展示了生产相关的数据，还直接显示了检验时间（窗口中间黄色标注的区域）。通过单击"实施检验"按钮，用户就可以进入质量检验的对话窗口。

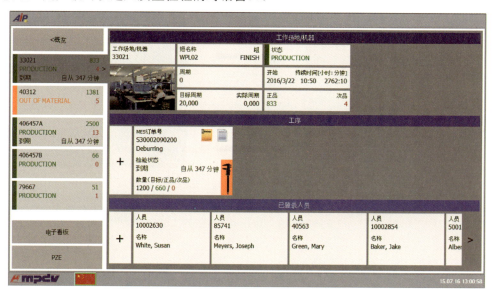

图 5.10　在工况数据采集终端上"采集和信息面板（AIP）"的用户界面

当到达取样间隔时，它会自动提醒检验时间。当进行合理性检查并识别到错误的数据输入时，可通过个性化配置的对话框，引导每个检验步骤，得到修正的提示。通过清晰明确的用户指南可以防止测试被遗忘，或者避免错误数据的输入。当数据经由直接连接的测量仪器如卡尺、千分尺等自动地采集时，还可以实现附加的符合人机工程学效应和高效率的效果。图 5.11 所示为采集和信息面板的用户界面实例：变量特性（测量数据）的采集，包括测量结果显示。

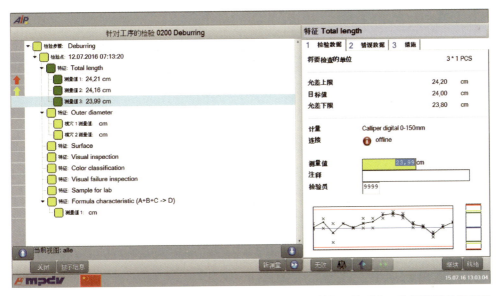

图 5.11　采集和信息面板的用户界面实例：变量特性（测量数据）的采集，包括测量结果显示

以下介绍故障日志表：

故障日志表是 HYDRA-CAQ 中用于属性检验信息的采集和评估的既定方法。通过可配置的操作对话框，个性化地建立如何实现在采集和信息面板上进行采集。图 5.12 所示为采集和信息面板的用户界面实例：从故障目录（故障日志表）中采集属性特性。

图 5.12　采集和信息面板的用户界面实例：从故障目录（故障日志表）中采集属性特性

### 5.3.3　检验结果评估

为了能够构造生产过程质量改善的控制回路，必须准备且可视化测量值和检验数据。因此，生产过程中检验模块（**HYDRA-FEP**）提供了一系列的功能。

#### 1. 控制图表

通过使用具有强大过滤功能的标准化控制图表（见图 5.13），HYDRA 系统能够使用一些常见的方法来实现可视化。根据要求对相关的数据区域（例如，对一个特定工序的评估）进行过滤，并且配置和组合完全不同的表达方式。

对于可变特性的可视化，可以使用 Xq 图表、s 图表、R 图表、单值图表和媒体图表。属性特性可以用 p 图表、np 图表、c 图表和 u 图表的形式建立。

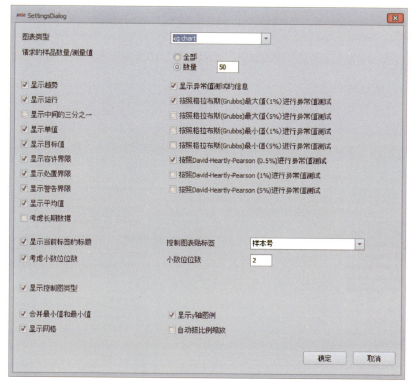

图 5.13　利用丰富的参数设置可以对控制图表进行配置，使其准确地满足用户要求

由此，测量和检验数据分析提供针对性的结果，可以在控制图表范围内选择多种选择参数，例如订单/工序、检验计划、检验步骤和取样等。若要长期监测显示长期的发展趋势，或者要求显示早期生产的产品质量证明时，已经存档的数据也可以在评估中使用。图 5.14 是分别以不同的控制图表、直方图和列出每个测量值的表格形式构造的个性化配置的评估实例。

图 5.14　个性化配置的评估实例

　　控制图表包含一些监测功能如"趋势"、"运行"和"中间三分之一"，相比于单独使用控制图表，可以更好地对过程进行控制。通过对趋势的显示，可以实现一个或多个样本上升或者下降过程经历的可视化。"趋势"功能显示了过程经过多次取样之后，从哪个位置开始高于或者低于平均值或者目标值。"运行"功能可以辨认连续值的预定数量是否达到了平均值以上。"中间三分之一"是指在所监测的控制图表片段中，很多数值或者很少数值处于控制限制范围内的中间三分之一处。

　　与其他 HYDRA 的应用范围一样，生产过程中检验能尽快地给相关负责人提供现状评估信息，从而使他们能够快速地和有目标地对故障做出反应。在这种情况下，HYDRA 利用"采集和信息面板"中特殊的显示方式，不仅能直接在设备或工作场地上实时展示所采集的测量值和检验数据，而且还可以设置控制图表的多种不同显示方式。这样，在这个层面上，具有详细的走向显示的原始值图表就有了特殊的意义。在工况数据采集终端和检验场地上显示的实时信息和统计值如图 5.15 所示。

## 2. 缺陷主因分析

　　利用 HYDRA 中的缺陷主因分析，质量控制部门及其他生产相关部门可进行典型的评估分析。它是基于先前过滤的时间段，对每个产品按照故障类型、故障发生地、故障产生原因及故障类型分布形式（频率）进行评估。基于这些分析就可以确定故障核心区域，这些区域需要引入质量改善措施。

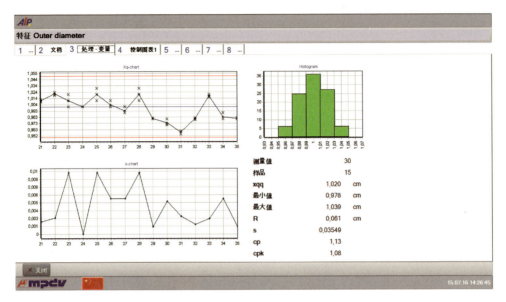

图 5.15  在工况数据采集终端和检验场地上显示的实时信息和统计值

对于这种必须分析大量数据的评估，数据透视功能就具备决定性的优势（见图 5.16）。为了显示源数据的不同汇总，对行与列进行了调换。通过具有补充详细信息筛选的"拖"和"放"按钮，很简单地实现数据过滤，并且，以不同表格形式的交互式显示和不同的计算方法对数据进行汇总和分析。

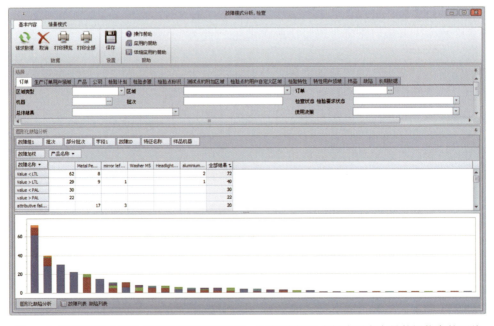

图 5.16  利用缺陷主因分析中的数据透视功能，以概览的形式创建用户大量数据信息的评估

## 5.3.4　发货检验

出货检验是生产检验的一种特殊形式。前面章节中所描述过的相关功能，在质量控制的这个分支领域也同样适用。

表格和证书在这一部分起到了核心的作用。在发货检验之后，它们作为质量凭证加以创建，并且与最终产品一起递交到客户手中。像出货证书、工厂检验证书或者客户特定证书这类通常需求的文件是多种多样的，在合理的商业成本下，没有系统支持，它们是无法被创建和管理的。由于在大多数情况下，客户对这些文件的设计和内容都有自己的预设值，因此，表格的可变设计和简单的可修改性就具有特殊的意义。HYDRA 系统采用了 MS-Office 的标准功能，可以确保用户在利用报告生成器或者其他相似工具创建自己的表格时，不会产生过多的费用。

## 5.3.5　首样件检验

通过首次取样可以在批量生产之前定义产品的特性和质量特性，还可以使客户与供应商达成一致。为此，要从双方的角度，同时将质量风险和质量成本最小化。尤其是汽车制造商，它们要保证在首样件检验时遵循它们的标准（VDA，QS9000，PPAP），由此保证供应商的供货质量。

由于以传统的方式进行首样件检验报告的创建和处理，尤其是当产品种类较多时，并且产品修改周期较短时，所产生的工作量相对较多，成本较高。因此，使用 HYDRA 系统在进行包含采集所有相关细节及透明文件材料的首样件检验时，可以达到合理化效果。

原则上，首样件检验与生产检验所使用的机制和功能是相同的。但是，由于这些产品是首次产生出来的，因此，在检验计划时必须有一定的限制。检验计划基本上在样机生产过程中就产生了，它可以通过类似产品中现有检验计划中的元素加以补充，或者甚至通过修改而生成。根据最新的 VDA 和 QS9000 标准，HYDRA 系统为客户和供应商的首样件检验和 PPAP（产品零件批准程序）提供支持。

## 5.3.6　生产检验功能一览表

| 生产检验功能 | 说　明 |
|---|---|
| 基础数据维护 | 创建和维护所有与质量相关的数据 |
| 检验计划 | 用于创建检验计划、生成检验要求、检验步骤和检验订单 |
| 族检验计划 | 创建具有相同特性的产品的检验计划 |
| 型腔检验计划 | 塑料加工的特殊功能 |
| 检验数据采集 | 　在工况数据采集终端（工人自查检验）和检验场地上的采集对话框 |

续表

| 生产检验功能 | 说　明 |
|---|---|
| 控制图表和直方图 | 分析生产检验所采集的特性数据，以控制图表和直方图形式可视化所采集的检验数据 |
| 缺陷主因分析 | 所采集的故障类型、故障发生地和故障产生原因的图表评估 |
| 措施跟踪 | 实时状态和含有编辑功能的措施跟踪 |
| 发货检验 | 创建出货检验的检验计划和评估 |
| 首样件检验 | 创建首样件检验计划和生成检验要求 |
| 生产控制计划 | 根据 QS9000 标准构建和编辑生产控制计划 |
| 表格创建/管理 | 生产过程中检验的标准报告和个性化表格 |
| 长期存档 | 长期存档包含评估的检验数据的存档 |
| 反馈通知 | 在识别出特定情形时自动触发反馈通知 |
| 质量控制 qs-STAT 接口 | 生成数据传输到 qs-STAT 接口文件 |

# 5.4　进货检验

　　在生产过程中，只允许符合一定要求的原材料和产品流入。通过系统的进货检验（WEP），可在进入生产之前，就能识别出供应商的质量问题。为了降低进货检验的成本，可以采用灵活的动态检验方法，它可以追溯出产品和供应商的检验历史。基于此，如果真的需要，就会建议进行检验。图 5.17 所示为进货检验中动态控制的实例。

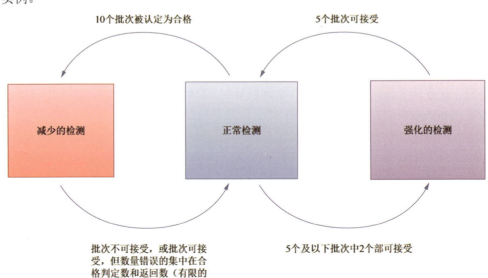

图 5.17　进货检验中动态控制的实例

进料检验可以与卓越的 ERP 系统建立一个双向工作流。在物料抵达时，ERP 系统输出 CAQ 数据，例如必检产品的供货单号、供货日期、产品、批次或者批号信息及供货量。由此，HYDRA-CAQ 会自动生成检验订单。

进货检验之后，检验决定会传递到 ERP 系统，会导致不合格检验的检验特性与检验结果一起进一步传递到 HYDRA 投诉管理，投诉管理自动地为供应商生成一份质量缺陷报告。

## 5.4.1　进货检验计划

进货检验计划使用了与生产检验和其他 HYDRA-CAQ 模块相同的功能。但是，它的特别之处在于上面提到的动态性（见图 5.18），它基于 DIN ISO 2859 和 DIN ISO 3951 标准中的检验严格性定义和过渡定义，但是它也允许个性化地确定某个检验严格性目录。因此，可以选择动态性是否要应用于与特性相关或与批次相关的检验范围。

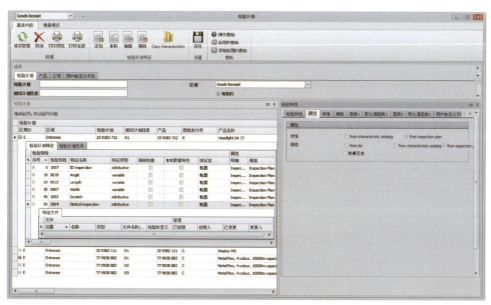

图 5.18　具有检验范围动态化准则的检验计划

在建立采样计划时，需要考虑以下因素：采样范围的标准值、接收数量（在合格检验结果允许范围内的缺陷数量），拒收数量（会导致不合格检验结果的缺陷数量，即该批次不合格），作为接收或者拒收/合格或者不合格的检验等级极限值的 $k$ 因数。

## 5.4.2　评估

对于进货检验结果的可视化，前面介绍过的很多功能可供使用，例如控制图表、措施跟踪和缺陷主因分析。在动态化历史的具体评估中，用户可以审阅所有已经进行了的特性或者批次相关的检验，包括检验结果和动态化准则信息，如图5.19所示。

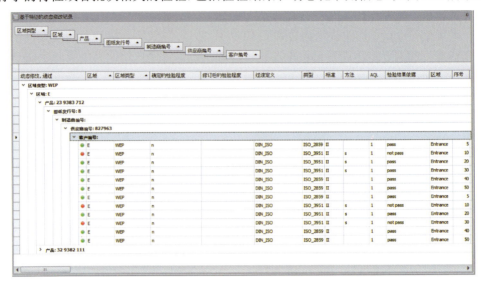

图 5.19　动态化历史展示了所有检验和所使用的动态化规则

如果 HYDRA-CAQ 中已有的评估不够，检验数据就可以通过接口传递到已知的统计程序 qs-STAT 接口。通过可设置的过滤规则，定义应该分析哪些数据。

数据输出到 qs-STAT 之前要进行数据处理，这样，它们在 qs-STAT 中才可以不需要进一步转换处理，自动开启统计程序。这个接口也适用于所有其他 CAQ 模块。

## 5.4.3　进货检验功能一览表

| 进货检验功能 | 说　　明 |
| --- | --- |
| 基础数据维护 | 创建和维护所有基础数据，包括动态性规则 |
| 检验计划 | 创建检验计划，生成检验要求、检验步骤和检验订单 |
| 族检验计划 | 建立具有相同特性的产品检验计划 |
| 型腔检验计划 | 塑料加工的特殊功能 |
| 检验数据采集 | 在进货检验场地上的采集对话框 |
| 控制图表和直方图 | 所采集的检验数据在控制图表和直方图中的可视化 |
| 缺陷主因分析 | 所采集的故障类型、故障发生地和故障产生原因的图表评估 |
| 措施跟踪 | 实时状态和含有编辑功能的措施跟踪 |
| 创建/管理表格 | 进货检验的标准报告和个性化表格 |
| 长期存档 | 检验数据包含评估的长期存档 |
| 反馈通知 | 在识别出特定情形时自动触发反馈通知 |
| qs-STAT 接口 | 生成用于传递数据到 qs-STAT 接口的接口文件 |

# 5.5　投诉管理

一个优秀的投诉管理（REK）不仅仅是客户与供应商之间无障碍合作的重要前提，而且这种 HYDRA-CAQ 应用也可以作为企业内部过程优化的工具。

为了消除投诉的原因，针对性和系统性地将投诉进一步传递是很有必要的。因此，HYDRA 系统为内部和外部投诉的管理和控制提供了支持。每个接收到的投诉都被采集、编辑、分析和结束。对于给出的故障和故障原因的排除，要确定一些措施、时间点及职责，它们可以利用工作流进行控制。自动地、及时地以正确的形式，通过 E-mail 或者短信将消息传递给负责人。

## 5.5.1　基础数据

除了具有设立和编辑普通基础数据（产品、公司、故障、措施、成本类型、责任人、员工等）的维护功能，HYDRA 系统投诉管理还具备其他的可能性，例如区分不同的投诉类型、客户或者供应商投诉及内部投诉。此外，在所谓的投诉表头中，可以设置一个下一级的投诉。

为了能够有目的针对性地跟踪投诉，HYDRA 系统能够识别各种不同的状态，例如已采集的、在处理中或者结束的投诉，并且发现诸如正当的（认可的），不合理的（拒绝的）、商誉、担保或者类似的投诉。对于措施跟踪，可以将措施按照具体的属性进行分类，例如短期的、中期的、长期的措施及日期、完成度、有效性和责任（负责人）。

## 5.5.2　数据采集和措施管理

内部或者外部投诉采集可以通过个人计算机在企业内部网、互联网或者移动设备诸如手持设备来完成。输入采集到的故障种类、故障发生位置、故障产生原因和不同的成本类型的投诉归总，也有相应的可配置操作对话框可供使用。所有还在编辑中的投诉和所属详细信息的实时概览如图 5.20 所示。

在投诉采集之后，用户可以将相应的措施按照一定的特性，例如紧急措施、长期措施或者消除措施，以主动措施管理思想加以分类。它包括连续期限控制功能、所有措施包括反馈规则监测功能、定义责任和所有开放性措施自动检验的面向用户的执行清单。

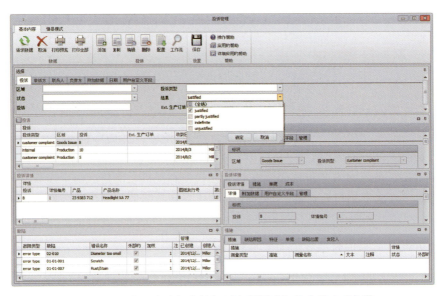

图 5.20　所有还在编辑中的投诉和所属详细信息的实时概览

## 5.5.3　监测和分析

投诉管理模块和其他 HYDRA-CAQ 一样，使用了相同的数据评估功能。这其中包括缺陷主因分析，但是，对那些会引起投诉故障的情况，使用了特殊的评估，即如图 5.21 和图 5.22 所示的表格化和图形化的投诉故障评估。

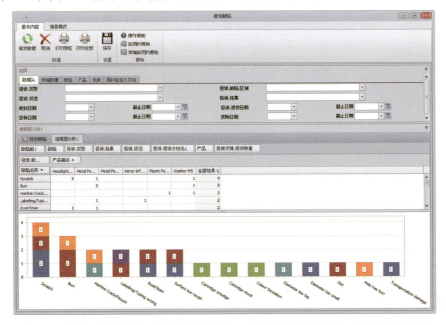

图 5.21　表格化和图形化的投诉故障评估，本例是相对于所生产的产品所创建的

图 5.22　表格和图形化的投诉故障观测，这里是从故障类别和投诉客户角度上进行评估的

　　在很多 HYDRA 表中都可用数据透视功能，表格内容按产品、客户或者故障类别来显示。

　　除了技术方面的考虑，HYDRA-CAQ 还提供这样的可能性，即考虑投诉处理的资金因素和企业经济因素。这前提是将所产生的成本（如已使用的原材料、无法再利用的原材料、生产成本、返工、投诉处理成本、故障分析、附加的运输成本）登记到具体的投诉中。利用数据透视表归纳和累积可显示每个客户所产生的投诉成本，如图 5.23 所示。

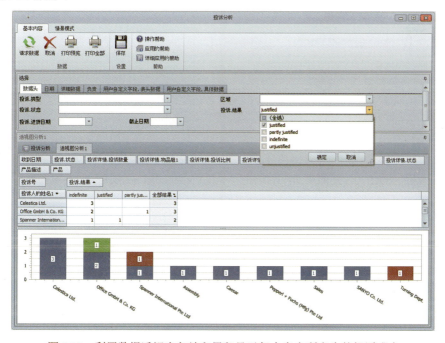

图 5.23　利用数据透视表归纳和累积显示每个客户所产生的投诉成本

### 5.5.4 报告和表格

尽管一定的质量控制流程已有电子版存档，但是如今仍然需要它的纸质版文档。HYDRA-CAQ 提供了创建、管理、打印和通过邮件发送标准表格和自定义证书的功能。由于有关设计和文档内容的要求差别很大，HYDRA 系统使用了最常见的 Microsoft Office 应用中的机制和工具。这就确保了当用户不具备很强的编程知识时，仍然可以设计新的表格及修改现有的表格。

HYDRA 系统通过使用管理功能，在微软 Office 系统里创建、修改、发布和禁用文档模板，这些功能根据要求在打印前进行选择。在此模板中调用表单时，输入通过之前选择而计算得出的相关数值。常见的表单如 4D 或者 8D 报告（见图 5.24），在相应的 HYDRA-CAQ 功能得到授权许可后，就可以使用了。

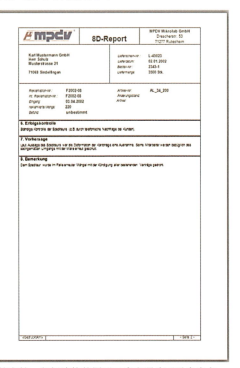

注：8D 报告是流传最为广泛的标准文献，它用于投诉的存档，包括连接的图形元素和照片可以自定义。

图 5.24　8D 报告示例

## 5.5.5　投诉管理功能一览表

| 投诉管理功能 | 说　　明 |
|---|---|
| 基础数据维护 | 创建和维护所有投诉的基础数据 |
| 自动创建投诉 | 通过分配特定的故障类型创建投诉 |
| 投诉采集 | 利用内网、互联网或者移动设备创建客户投诉采集对话框 |
| 监测 | 投诉的实时概览和图形分析 |
| 缺陷主因分析 | 所采集的故障类型、故障发生点和故障产生原因的图形评估 |
| 措施跟踪 | 定义的措施包括可操作性的实时状态和跟踪 |
| 表单的创建/管理 | 投诉管理的标准报告和自定义表格 |
| 投诉成本 | 采集的成本和成本类型的图形评估 |

# 5.6　检验设备管理

检验设备如今与生产工具和其他设备一样，是生产中必不可少的。因为如果没有合适的测量和检验设备，许多质量检验就无法进行。现代检验设备诸如测量显微镜、图片识别系统、测量仪或者类似的仪器，都能够自动地采集质量特性，并直接通过数据接口传递到 CAQ 系统，以确保质量控制的成本在可控范围内。

生产的产品是否满足客户的要求，也与检验设备的正确使用与否有关。因此，一方面，必须保证所需的检验和测量设备数量充足，并且处于相应的可使用状态。另一方面，必须证明使用所计划的测量设备可以监测产品质量（测量设备能力）。这就是检验设备管理（PMV）。

## 5.6.1　基础数据管理

与已有的其他 HYDRA 应用中的描述类似，检验设备与其他操作和生产辅助设备或者资源一起列入统一的表格中。已有检验和测量设备基础数据表如图 5.25 所示。

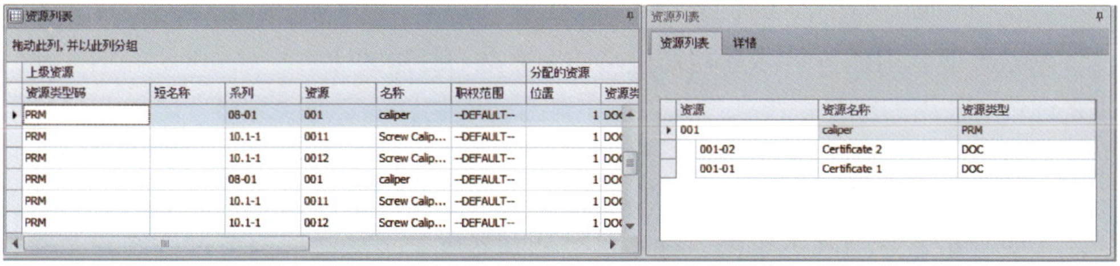

图 5.25　已有检验和测量设备基础数据表

## 5.6.2 检验计划和校准

检验设备的监测和校准也是通过检验计划中已有的技术来控制的。为此，HYDRA 系统根据 VDI2618 标准提供了样本检验计划，根据 ISO7168 标准对位置和形状公差提供了公差计算。在这里检验计划的结果是监测计划、校准计划和进货检验计划，前提是通过可自定义的对话框采集偏差包括故障分类。

检验的目的在于，确定每一个检验设备的测量系统能力和保持其持久耐用性。在检验计划中，规定了所用测量设备的特殊特性，这些特性将用于之后的测量系统能力的评估，如图 5.26 所示。

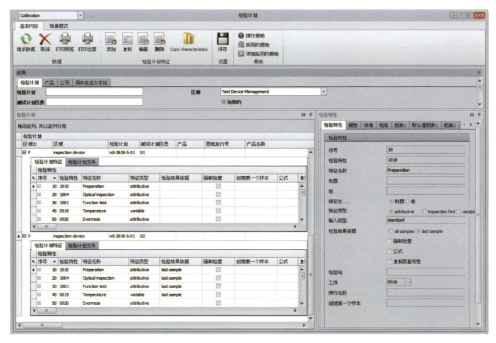

图 5.26　在检验计划中，规定了所用测量设备的特殊特性

## 5.6.3 数据评估和校准计划

测量设备能力的分析和存档是按照通用标准 QS 9000 及 TS 16949 进行的。其结果是评估所使用的测量系统在使用过程中是否有变化，或是甚至毁坏了。这里包括确定检验设备控制、判断检验可比性（重复性）和确定进行检验过程的影响（可比性）。

利用前面已经介绍过的功能，例如自定义表达的测量值图表、控制图表，或者缺陷主因分析及实施能力实验。资源历史的功能展示了哪些校准或维护措施在哪些检验设备上进行。在 HYDRA 系统中，测量和检验设备是作为特殊资源使用的，在资源历史中展示了测量和检验设备的整个生命周期，如图 5.27 所示。

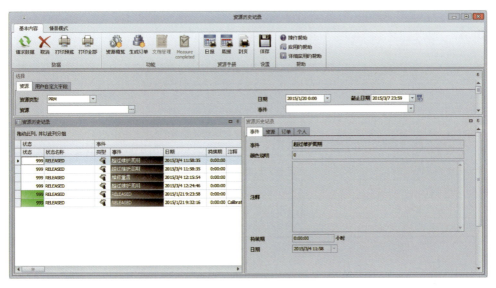

图 5.27　资源历史记录界面

与设备和工具的保养和维修活动计划类似，HYDRA 系统检验设备管理使用了必要校准计划的活动日历（见图 5.28）。这里，输入所使用测量系统相应的校准间隔，这些间隔一般是基于时间周期计算得出的。

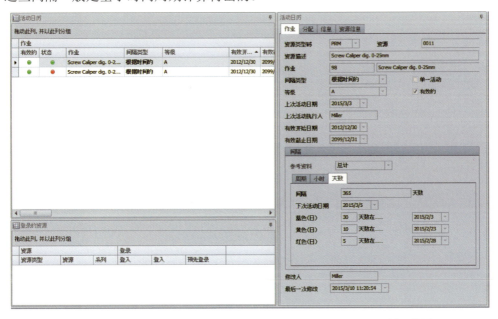

图 5.28　利用活动日历，实现测量和检验设备的校准间隔的计划和监测

## 5.6.4　检验设备管理功能一览表

| 检验设备管理功能 | 说　　明 |
| --- | --- |
| 基础数据维护 | 创建和维护所有与检验设备相关的基础数据 |
| 检验计划 | 在检验设备的特定检验计划中，确定校准特性和其他数据 |
| 校准计划 | 在活动日历中创建检验设备的校准间隔 |
| 检验数据采集 | 检验计划中所列出的检验特性的测量 |
| 控制图表和直方图 | 分析由检验设备采集得出的特性数据 |
| 缺陷主因分析 | 图形化评估所采集的故障类型、故障发生地和故障发生原因 |
| 校准状态和校准结果 | 可视化在校准中给出的状态和结果 |
| 措施跟踪 | 定义的措施包括可操作性的实时状态和跟踪 |

# 参 考 文 献

下列参考文献是本书作为理想贡献者来使用的:

[1] [德] Kletti, J., Schumacher, J. 完美的生产. 柏林: Springer 出版社，2010.

[2] [德] Kletti, J. MES 系统的方案和导论. 柏林: Springer 出版社，2007.

[3] [德] Kletti, J. MES-制造执行系统. 柏林: Springer 出版社，2006.

所提到的机构和产品名字是各自制造商或提供者的商标。HYDRA@是 MPDV Mikrolab 有限公司注册的商标。

# 附 录 术 语 表

| 术 语 | 说 明 |
|---|---|
| 采集和信息面板（AIP） | 采集和信息面板是 HYDRA 系统应用用于在生产中的数据采集和信息显示 |
| 加工工序（Arbeitsgang） | 加工工序是多层次加工订单里的一个加工步骤（如车削、铣削、钻削） |
| 归档（Archivierung） | HYDRA 系统具有基本功能，即在数据库文档表里，以大量压缩或者少量压缩的形式任意长时间期限存储数据。通过标准评估可以根据需要访问归档的数据 |
| 工作地（Arbeitsplatz） | 在 HYDRA 系统里，工作地的概念作为在生产中物理或者逻辑上的工作场地和设备的同义词 |
| 条形码扫描（Barcodescanning） | 根据条码阅读器得到的条码识别对象的标记 |
| 工况数据采集（BDE） | 工况数据采集采集生产过程的信息，利用它避免不完整的缺陷或者错误的信息 |
| 工况数据采集终端（BDE-Terminal） | 工况数据采集终端理解为直接位于设备和工地上设备的通用术语。工人、设计师和其他员工可以通过它的操作界面输入所有数据和调用信息。另外，为了从设备和装置上自动地接收数据，工况数据采集终端可以配置合适的接口 |
| 利用率（Belegnutzgrad） | 利用率是通过计划分配时间划分的利用时间的比例，它提供生产资源负荷的大小 |
| 生产资源账户（Betriebsmittelkonten） | 生产资源账户用于从企业经济角度来压缩采集设备状态（如辅助时间、加工时间等） |
| 计算机辅助质量保证（CAQ） | 计算机辅助质量保证-质量数据的采集、检测和统计评估 |
| 直接数字控制（DNC） | 直接数字控制-承担通过网络或者数据接口从设备和向设备传输数据，由此保证在设备和装置控制中数控程序的快速可用，或者调整数据记录 |
| 单个工作地（Einzelarbeitsplatz） | 单个工作地是指一个员工加工一个或者多个加工工序的一个工作地。与此相对的是成组工作地，是指多个员工同时加工一个或者多个加工工序 |
| 能源管理（EMG） | 能源管理支持企业详细地分析能源的消耗和能够给出能源浪费的原因，其结果有助于显著地降低能源消耗 |
| 企业集成服务（Enterprise Integration Services） | 企业集成服务用于 MES 系统与其他系统如 ERP 和 CRM 系统以及类似的系统之间的连接 |
| 企业资源计划系统（ERP） | 企业资源计划系统指资源使用（生产能力、生产设备和人员）的计划，以持续地改善业务流程 |
| Euromap 63 接口（Euromap 63） | 一些注塑机制造商与外部系统如 MES 系统通信的标准接口 |
| 缺勤时间（Fehlzeit） | 缺勤时间指计划的或者未计划的员工不在工作岗位的时间 |
| 生产检验计划（FEP） | 生产检验计划包括生产中的检验、统计过程控制、进物检验、首样件检验和产品控制计划的部分 |

| 术　语 | 说　明 |
|---|---|
| 加工订单（Fertigungsauftrag） | 加工订单指企业内部生产包括给定的材料数量、零部件数量或者最终产品的数量的订单，它由一个或者多个加工工序所组成 |
| 图形化设备组（Grafischer Maschinenpark） | 可视化工具，由不同 HYDRA 应用（工况数据采集、设备数据采集、门禁系统、过程数据采集、材料和生产物料）用于对设备和装置、物流、过程值和其他在线数据进行个性化可配置的、图形化显示 |
| 成组工作地（Gruppenarbeitsplatz） | 成组工作地指多个员工同时加工一个或者多个加工工序的工作地 |
| 生产指挥系统（HLS） | 生产指挥系统是计划的工具，它支持用户在接近实际的计划时优化生产流程 |
| HYDRA @ 网页（HYDRA @ Web） | HYDRA @网页是 MES 系统操作中心（MOC）基于浏览器的版本 |
| IDOC 文档（IDOC） | IDOC 文档是为了在 SAP 系统和其他系统之间传输数据而产生的文档 |
| 工业个人计算机（Industrie-PC） | 工业个人计算机是为了在工业部门里使用而开发的个人电脑，它考虑了那里发生的条件 |
| 精益生产（Lean Production） | 精益生产指减少浪费和有效的生产 |
| 绩效工资确定（LLE） | 利用绩效工资确定可以构造不同的绩效工资模型 |
| 工资类型（Lohnart） | 在人员时间管理模块里根据工资类型如基本工资、加班或者夜班津贴等，登录评估的时间。对于每种工资类型，在计算系统里设置了相应的货币值 |
| 批量（Los） | 作为批处理的同义词，解释为物料的数量。其特性是定性地同类型的 |
| 物料缓冲区（Materialpuffer） | 物料缓冲区指生产过程中物料的存储地点。例如，传统意义上的在制品仓库（Work in Progress）或者设备前后的物料缓冲区 |
| 物料类型（Materialtyp） | 具有相同基本特性物料的组合 |
| 设备数据采集（MDE） | 设备数据采集提供了无缝地采集设备数据的丰富的功能谱，并对采集到的数据实时地可视化和根据不同视角加以评估 |
| 制造执行系统（MES） | 支持生产管理的制造执行系统构建生产的所有部门（生产、人力和质量），提供详细计划功能、接近生产部门实际的概览和评估及管理 |
| 制造执行系统应用服务（MES Application Services） | 用于数据处理和压缩，作为在 MES 操作中心（MOC）里数据表达的前期阶段 |
| MES 系统集成平台（MES-Weaver） | 包含 HYDRA-MES 系统所有基本服务和管理服务的集成平台 |
| 制造执行系统链接使能器（MLE） | 制造执行系统链接使能器指 HYDRA 系统与 ERP 系统之间数据交换的通信平台 |
| MES 操作中心（MOC） | NMES 操作中心是 MES-HYDRA 系统图形化操作界面，即系统管理、数据可视化和计划工具的使用 |
| 监测（Monitoring） | 指在 HYDRA 系统里显示实际采集的订单、设备、工具、工艺过程和人员等数据。其显示甚至是实时发生的 |
| 材料和生产物料（MPL） | 材料和生产物料支持用户跟踪、控制物料流和生成物料文档 |

| 术　　语 | 说　　明 |
|---|---|
| 数控程序（NC-Programm） | 　　数控程序包含了设备和装置控制的所有控制指令，这些指令是生产指定的零件必需的。也用作诸如数控数据记录、调整数据记录或者调整参数概念的同义词 |
| 利用率（Nutzgrad） | 利用率给出一台设备及一个资源如何生产的 |
| 设备综合效率（OEE） | 　　设备综合效率是总设备效率的评估指数，是可支配性、有效性和质量合格率因素乘积的结果 |
| 过程控制的对象链接和嵌入（OPC） | 　　过程控制的对象链接和嵌入（Object Linking and Embedding）是自动化技术和其他系统之间数据交换的标准接口 |
| 过程通信控制器（PCC） | 过程通信控制器是 HYDRA 系统和设备层之间数据交换的通信平台 |
| 产品和人员数据管理（PDM） | 产品和人员数据管理是 HYDRA 系统和其他子系统之间数据交换的接口 |
| 过程数据处理（PDV） | 　　通过过程数据处理可以采集和评估过程值如温度、速度、压力和其他过程变量 |
| 人员配置计划（PEP） | 人员配置计划支持用户优化地计划分配人员 |
| 数据透视表（Pivot-Tabelle） | 　　数据透视表为用户提供动态的以压缩的形式表达大数据量的可能性。动态性指行和列的排序可以改变（透视） |
| 检验设备管理（PMV） | 　　检验设备管理模块管理所有的测量和检验设备，通过校准间隔监测其检验时间点 |
| 生产过程率（Prozessgrad） | 生产过程率指生产中生产过程经济性的量度 |
| 检验要求（Prüfanforderung） | 检验要求根据具体加工订单的检验计划而生成 |
| 检验计划（Prüfplan） | 在检验计划里整合了指定产品相关的质量检验内的所有数据 |
| 检验步骤（Prüfschritt） | 　　对每个要控制的质量特性生成一个检验步骤，在此基础上由责任人进行质量检验 |
| 人员时间采集（PZE） | 人员时间采集模块采集员工到达、离开和休息时间的记录 |
| 人员时间管理（PZW） | 　　人员时间管理模块处理所有在人员时间采集模块里采集到的与人员相关的数据 |
| 质量管理系统（QM） | 　　质量管理系统维护和开发业务过程、产品和服务效率的质量标准，它位于企业层次（ERP 层） |
| 质量合格率（Qualitätsrate） | 质量合格率给出合格产品和生产量之间的比例关系 |
| 投诉管理（REK） | 投诉管理模块采集投诉数据和通过定义的工作流程控制投诉处理 |
| 资源（Ressource） | 　　在 HYDRA 系统里，使用同样的管理机器、工具、生产设备、生产辅助设备及测量和检验设备的表格。在这些表格里，资源的概念可理解为上述概念的整体同义词 |
| 远程功能调用（RFC） | 远程功能调用指 SAP 系统实现功能调用的协议和接口 |
| 无线射频识别（RFID） | 无线射频识别指通过电磁波，对物体或者生命体自动地识别标记 |
| 调整率（Rüstgrad） | 调整率给出调整时间占一个订单的整个加工时间多大比例 |
| SAP 系统集成和智能平台（SAP-MII） | 　　SAP 系统集成和智能是 SAP 系统和 MES 系统之间通信及构建简单的MES 功能的开发环境 |

| 术　　语 | 说　　明 |
| --- | --- |
| 面向服务的体系结构（SOA） | 面向服务的体系结构是信息技术的提供服务的结构模板，该服务通过不同的组合常常可以形成新的功能 |
| 状态类（Statusklassen） | 利用技术或者组织的设施将设备状态压缩成状态类 |
| 打卡（Stempelung） | 打卡模块是登录的同义词，首先用在人员时间采集模块里 |
| 技术利用率<br>（Technischer Nutzgrad） | 技术利用率相对于设备的作用度，即所给出技术限定的干扰时间在整个工作时间占多大比例 |
| 跟踪和追溯（TRT） | 利用跟踪和追溯模块可以跟踪产品生产过程，并形成文档 |
| 垂直集成（Vertikale Integration） | 在生产中企业系统层（如 ERP 系统）和设备层之间的 MES 系统链接功能 |
| 魏恩标准（Weihenstephaner Standard） | MES 系统和饮料灌注和生活品生产设备之间的接口标准 |
| 物料进货检验（WEP） | 物料进货检验用于在生产中在继续加工之前识别缺陷的原材料和产品，并且自动地触发投诉 |
| 工具和资源管理（WRM） | 工具和资源管理模块给用户提供管理和检测工具和其他资源的功能 |
| x 制造执行系统（xMES） | 具有 MES 功能的 MPDV 公司的产品完全嵌入到基于网络集成器的 SAP 系统环境里，并且设置在 SAP 系统集成和智能平台上 |
| 时间比例（Zeitgrad） | 时间比例给出预定的目标时间与实际需要时间的关系 |
| 门禁系统（ZKS） | 利用访问控制可以规定员工和来访者的访问权限，监测和记录进入和试图进入的情况 |

# 原著作者简介

**Kletti, Jürgen**，1948 年出生，毕业于卡尔斯鲁厄大学电子工程"技术数据处理"专业。在获得博士学位后创建了 MPDV Mikrolab GmbH，一直担任董事长和总经理至今。此外，Kletti 博士还在不同大学开设公司管理相关课程，并且是各专业委员会成员。

---

**Deisenroth, Rainer**，1953 年出生，计算机专业毕业后，在不同企业的硬件和软件开发及产品管理部门工作。1990 年加入 MPDV Mikrolab GmbH，现在担任销售总监和副总经理，他发表过大量有关 MES 的专业文章。

**Kletti, Nathalie-Lorena**，1985 年出生。曾在国民经济、企业经济专业的国际经济关系方向学习。2011 年以来她是 MPDV Mikrolab GmbH 校园和市场部门的助理，也是德国经济参议院青年参议院的主席（下一代的参议员）。

**Strebel, Thorsten**，1972 年出生，工学硕士（BA），曾在莫斯巴赫职业学院技术信息专业生产信息学方向学习，毕业后成为基于对象的项目开发的企业咨询者。1997 年以来在 MPDV Mikrolab GmbH 工作，现在负责 MPDV 产品管理和开发。

# 译著主要人员简介

沈斌，1955 年生。同济大学机械制造及其自动化专业硕士，机械设计与理论专业博士。毕业后在同济大学工作，教授、博士生导师。现任同济大学中德学院机械工程系主任、同济大学先进制造技术中心执行主任、中德学院西门子制造信息学基金教席首席教授、中国自动化学会制造技术委员会委员、中国机电一体化技术应用协会理事。

沈斌教授公开发表学术论文 150 多篇，主编和参编专著三部。多次获得上海市、国家教委和国家机械工业局科学技术进步奖，联合国技术信息促进系统发明创新科技之星奖（1994 年），上海市育才奖（2014 年）。

王家海，1964 年生。工学博士，同济大学机械与能源工程学院副教授、博士生导师。德国波鸿鲁尔大学访问学者，中国机械工程学会高级会员。

主要从事机械制造及自动化专业的教学和科学研究工作。研究领域包括制造系统及自动化、网络化与数字化制造、MES 与智能生产调度等。主持或参加完成多项国家 863 计划、国防基础科研项目、国际科技合作重点、上海市重点科技攻关及企业委托项目。获国家机械工业局科学技术进步二等奖，发表论文数十篇。